牛頓

Newton: A Very Short Introduction

U0134716

Newton: A Very Short Introduction

牛頓

艾利夫（Rob Iliffe）著

萬兆元 譯

OXFORD
UNIVERSITY PRESS

Oxford University Press is a department of the University of Oxford.
It furthers the University's objective of excellence in research, scholarship,
and education by publishing worldwide. Oxford is a registered trade mark of
Oxford University Press in the UK and in certain other countries

Published in Hong Kong by
Oxford University Press (China) Limited
39/F, One Kowloon, 1 Wang Yuen Street, Kowloon Bay, Hong Kong

This Orthodox Chinese edition © Oxford University Press (China) Limited

The moral rights of the author have been asserted

First edition published in 2016

牛頓

艾利大（Rob Iliffe）著
萬兆元譯

ISBN: 978-0-19-941490-1

3 5 7 9 10 8 6 4 2

English text originally published as *Newton: A Very Short Introduction*
by Oxford University Press © Rob Iliffe 2007

目 錄

前　言

　　在維多利亞女王時代的英國，每位學童都知道牛頓爵士（Sir Isaac Newton）是一位無與倫比的數學天才和科學天才，而且大部分學童還能基本道出牛頓的主要科學發現。在光學上，牛頓發現白光並不是自然界中的基本元素，而是由幾種更基本、更原始的光線混合組成的。物體之所以呈現出一定的顏色，是因為物體具有反射某些色光而吸收其他色光的屬性。在數學領域，牛頓發現了二項式定理和微積分的基本定律。二項式定理用於展開兩個變量之和的任何次冪，而微積分研究的是任意變量（一條曲線的形狀或一個移動物體的速度）的瞬時變化率問題，同時也提供了計算曲線面積和曲面體積的技巧（當然還有其他用途）。牛頓在數學和光學上的成就過了好幾十年才完全為他的同代人所接受，這首先是因為他只給少數幾個同代人展示過自己的工作成果，其次是因為許多同代人感到他的工作成果難以讓人重複，而且太具革新性，不易領會。牛頓體系的輝煌巔峰在於他1687年出版的《數學原理》[*]。

---

[*]　其全稱是《自然哲學的數學原理》（*The Philosophi Naturalis Principia Mathematica*），簡稱《數學原理》或《原理》。——本書注釋均由譯者添加，以下不再一一說明。

在《原理》中，牛頓提出了運動三定律以及萬有引力這一不可思議的概念。所謂萬有引力，是指所有大質量物體都在根據一條數學定律不斷地吸引其他一切物體。牛頓使用諸如「質量」與「引力」等全新的概念，以運動定律的形式宣佈：（一）除非受到某種外力的作用，否則一切物體都將一直處於運動狀態或靜止狀態；（二）一切物體所處狀態的變化與引起此變化的力成比例，且與該外力的方向一致；（三）對於每一個作用力，總有一個大小相等而方向相反的作用力。對牛頓在該領域成果的後續研究形成了18世紀天體力學的基礎，一門全新的、堪稱正確的關於地球與天體的物理學（狹義相對論與廣義相對論效應除外）由此誕生了。由此可見，絕大多數受過良好教育的人將牛頓視為理性之奠基者並不是沒有道理的。

　　除此之外，維多利亞時代的人們也知道艾薩克爵士既是一個癡迷的煉金術士，也是一個激進的異教徒。為了理解牛頓生活與工作的這些匪夷所思的方面，當時的英國精英們可謂絞盡了腦汁。同時，一些證據還無可爭議地表明牛頓對待多位同代人的方式應該受到譴責。從那以後，如何解釋牛頓的人格以及如何調和牛頓工作的「理性」方面與「非理性」方面便一直挑戰着歷史學家們。另外，直到20世紀70年代，人們才有機會接觸並認真研究牛頓的許多重要論文，

這就意味着只有在過去二三十年中我們才有可能勾勒出一幅較為均衡的牛頓的工作圖。

　　雖然人們早就知道牛頓有着這些顯然是很古怪的興趣，而且牛頓本人無疑認為這些研究要比他那些「更令人尊敬」的追求更有意義，但是近期一些流行的牛頓傳記卻不斷地大肆渲染這些不那麼正統的成份，就好像頭一回描述這些東西似的。可得以上網的、內容驚人的材料。大部分傳記還誇張地聲稱牛頓智力活動的各個領域之間有着這樣或那樣的聯繫。為了糾正這些問題，這本對牛頓的介紹一方面吸納了近期的學術研究成果，另一方面也利用了新近才得以上網的著作副本。這樣一來，與近期那些傳記中的形象相比，本書中所描繪的牛頓顯得要奇怪得多。

第一章
一位愛國者

　　1727年3月20日（星期一）凌晨1點剛過，牛頓爵士便與世長辭，享年八十四歲。他從前一個星期六傍晚開始，就一直處於昏迷狀態。在牛頓彌留期間，其私人醫生米德（Richard Mead）在身旁負責照料。米德醫生後來告訴偉大的法國哲學家伏爾泰（Voltaire），牛頓在臨終前承認自己仍是處男之身。照顧牛頓度過臨終時光的還有牛頓同母異父妹妹的女兒凱瑟琳（Catherine）及其丈夫孔杜伊特（John Conduitt）——後者在牛頓晚年充當過牛頓的私人助手。儘管事務纏身，孔杜伊特還是差不多一個人組織了悼念這位他最終得以認識的偉人的活動，而且我們現今所有關於牛頓私人生活的重要信息，幾乎都是在孔杜伊特堪稱壯舉的監督之下收集起來的。1727年3月底，孔杜伊特操辦了在威斯敏斯特教堂舉行的牛頓的葬禮，並委託蒲柏（Alexander Pape）撰寫了牛頓的墓誌銘。其後幾年中，孔杜伊特授權當時英國和外國最偉大的藝術家給他心目中的英雄牛頓創作了無數的畫像和半身塑像。

　　有好幾年，孔杜伊特都在試圖撰寫一部翔實可靠

的牛頓「全傳」，但他始終未能完成這一任務。孔杜伊特曾詳細記錄了自己與牛頓的一些談話。為了獲得更多關於牛頓科學工作的細節，他還請幾位相關人士給他寄來他們關於牛頓的回憶錄。牛頓去世一周後，孔杜伊特給巴黎皇家科學院的終身秘書豐特奈爾（Bernard de Fontenelle）去信，提出願意給這位法國人提供素材，以供其撰寫牛頓的《頌詞》之用。孔杜伊特認為這是一個可以確立牛頓在法國的聲譽的機會——這個國家一直都極不情願承認他的姻親牛頓在科學與數學上的卓越造詣。實際上，一直到18世紀30年代晚期，牛頓的聲譽才算在法國牢固地樹立起來了。在牛頓剛去世的那段時間內，孔杜伊特特別關注的是：法國學者和其他外國學者應該意識到牛頓在創立微積分上的優先權。在當時，大多數法國學者都把這一榮譽歸於博學多才的德國學者萊布尼茨（Gottfried Leibniz）。孔杜伊特於1727年夏天撰寫了一篇牛頓的《傳略》，並於7月間寄給了豐特奈爾。

孔杜伊特的《傳略》追述了牛頓的智力探索與道德生活，其筆調或有溢美之嫌，不過內容基本屬實。孔杜伊特形容牛頓「思想純潔，言行無垢」：為人極為謙遜，心腸非常慈善，性情溫順可愛，常常會為一個傷心的故事而潸然淚下；熱愛自由，熱愛漢諾威王室喬治一世的政權，對迫害「深惡痛絕」，而善待人與動物更是「他津津樂道的心愛話題」。孔杜伊特還

圖1 孔杜伊特設計的牛頓半身像。J.M.雷斯布拉克塑。

記述了牛頓早期在劍橋的發展歷史，並對牛頓和萊布尼茨之間的優先權之爭進行了一邊倒的描述：萊布尼茨不僅沒有最先創立微積分，而且「對微積分從未有過足夠透徹的理解，無法將其應用於宇宙體系的研究

之上，而牛頓爵士則將其應用到了這一偉大而光榮的領域」。

1727年11月，豐特奈爾撰寫的《頌詞》在巴黎皇家科學院宣讀。豐特奈爾很好地敍述了牛頓在科學與數學上的發展，承認牛頓所有的重大發明幾乎都是他二十剛出頭的那幾年做出的。雖然豐特奈爾並不認同《原理》中提出的許多原則，尤其是「引力」的概念，但是他對《原理》的總體意義仍然讚不絕口。豐特奈爾意識到牛頓並不認同法國偉大的數學家和哲學家笛卡兒(René Descartes)的許多理論，但他指出牛頓和笛卡兒都曾試圖將科學建立在數學的基礎之上，兩人都是各自時代中獨特的天才人物。這篇《頌詞》被立即譯成英文，並且在此後一個多世紀中成了牛頓所有英文傳記所依賴的主要材料。

其他有關牛頓的著作也紛紛問世，其中之一就是惠斯頓(William Whistan)的《真實記錄集》。該書首次對牛頓「白衣騎士」*的光輝形象提出了公開挑戰。惠斯頓繼牛頓之後擔任了劍橋大學的盧卡斯講座教授，但在1710年因信奉宗教異端觀點而被劍橋大學開除。實際上，惠斯頓的異端觀點與牛頓的很接近。惠

---

* 這裏應是「衛士」或「救星」的意思。在騎士傳奇中，白衣騎士原是一位農夫，後來變成一位騎士來保衛小鎮，其主要對頭是黑衣騎士。現在，「白衣騎士」常指目標企業為免遭惡意收購而找到的善意收購者。

斯頓在書中首次披露了牛頓的極端神學觀點，並拿牛頓「謹慎的性情和行為」和自己「公開的行為」進行對比，說牛頓「儘管生性非常膽怯、謹慎而多疑」，但終究還是未能隱藏他在神學上的重要發現。

還在讀惠斯頓的著作之前，孔杜伊特就對豐特奈爾不偏不倚地比較牛頓和笛卡兒的做法以及豐特奈爾對優先權之爭的處理感到惱火。《頌詞》發表後，他立即於1728年2月再次寫信給幾位牛頓學說的信奉者，發出這樣的呼籲：「由於牛頓爵士是一位愛國者，所以我以為人人都應為一部旨在替他伸張正義的著作貢獻一份力量。」在孔杜伊特收到的回信中，最有意思的是來自漢弗萊·牛頓（Humphrey Newton）（與牛頓沒有親屬關係）的兩封信。漢弗萊做過牛頓的文書（秘書），對牛頓撰寫《原理》期間（1684–1687）的行為有着獨到的見解。根據漢弗萊的敍述，牛頓有時會「突然起立，轉身，像阿基米德（Archimedes）一樣，一邊喊着『我找到啦』，一邊跑上樓梯，撲到桌子上奮筆疾書，連扯把椅子坐下來都顧不上」。顯然，那時的牛頓只會在家裏有選擇地接待一小部分學者，其中包括三一學院的化學講師維加尼（John Francis Vigani）。按照凱瑟琳的説法，維加尼與牛頓相處甚歡，但自從維加尼「講了一個關於修女的下流故事」之後，兩人便不再友好了。

約翰·孔杜伊特從古物學家斯蒂克利（William Stukeley）那裏收到了許多極其重要的資料。斯蒂克利

是在牛頓去世前不久搬到格蘭瑟姆鎮去住的。由於牛頓在格蘭瑟姆鎮上過文法公學[*]，而且上學期間還在當地藥劑師家寄宿過，所以該地是收集有關少年牛頓的信息的理想之處。1800年，斯蒂克利收集的一些資料結集出版，不過其中並沒有多少孔杜伊特的文章。然而，到了19世紀早期，新出現的資料深刻地改變了人們對牛頓的看法。1829年，比奧(Jean-Baptiste Biot)新出的一部牛頓傳記被譯成英文，書中揭示牛頓在17世紀90年代早期曾出現過精神崩潰。更具破壞性的是，在19世紀30年代，人們從首任皇家天文學家弗拉姆斯蒂德(John Flamsteed)的文件中發現了接二連三的令人傷心的證據，讓牛頓的行為在人們心目中黯然失色。此後，維多利亞時代的人開始競相著書立說，論述牛頓的生平與著作。其中最重要的是布魯斯特(David Brewster)對自己的《牛頓爵士的生平》(1831)進行大幅修改之後出版的《牛頓爵士的生平、著作與發現實錄》(1855)。該書成了此後一個多世紀中牛頓的權威傳記。布魯斯特勇敢地敍述了牛頓對煉金術的投入、牛頓的非正統宗教思想，以及牛頓對朋友和敵人經常表現出的粗俗行為，但他最終還是不願充分承認牛頓人格方面的缺陷。

[*] 英國文法公學源於中世紀，旨在教授學童拉丁文法。到牛頓的時代，文法公學的課程內容擴大了，不僅包括希臘語等其他語言，而且還列入了自然科學、數學等科目。在當今英國，文法公學提供中等教育，但不同於免試入學的綜合中學，學生需要通過考試選拔才能入學。

19世紀70年代早期，凱瑟琳的一位遠親後代，擁有牛頓論文手稿的第五代樸次茅斯勳爵（Lord Portsmouth）作出一項慷慨決定：將牛頓的「科學」手稿捐獻給國家。劍橋大學成立了一個委員會來評估這批收藏的價值，評估結果在1888年通過一份論文目錄予以公佈。那些包括煉金術內容與神學內容在內的「非科學論文」被普遍認為沒有多少份量，所以仍舊留在樸次茅斯家族。1936年，這批論文在蘇富比拍賣行被廉價甩賣，售價僅為少得可笑的九千英鎊多一點。一家聯合企業從交易商那裏逐漸購得了牛頓的大部分神學論文，而這些論文後來又被一位研究閃族文獻學的專家及收藏家亞胡達（Abraham Yahuda）全部買走。亞胡達1951年去世以後，他所收藏的數目驚人的牛頓論文在經歷了一場持續近十年的官司之後，為耶路撒冷希伯來大學的猶太國家與大學圖書館所擁有——雖然亞胡達本人是一位反猶太復國運動者。

　　偉大的經濟學家凱恩斯（John Maynard Keynes）參加了那次蘇富比拍賣會的一部分拍賣，並下工夫獲取到了牛頓所有的煉金術論文以及約翰·孔杜伊特當初持有的所有「私人」文件。到1942年，也就是牛頓誕辰三百周年的時候，凱恩斯已經擁有了牛頓的絕大部分煉金術論文以及一部分神學短文。雖然為第二次世界大戰忙得不可開交，凱恩斯還是根據自己擁有的材料做了一次發言，以此作為默默紀念牛頓誕辰三百周年

活動的一部分。凱恩斯所描述的牛頓要比之前傳記作家筆下的牛頓獨特得多：作為「邁蒙尼德派的猶太一神論者」，牛頓既不是一位「理性主義者」，也不是「現代第一位科學家和最偉大的科學家」，而是

> 最後一位術士，最後一位巴比倫人和蘇美爾人，最後一位偉大的智者：他的眼光與將近一萬年前就開始構建我們文化遺產的那些人的眼光相同，他用這樣的眼光來觀察着這個可見的、理性的世界。

　　牛頓認為自然世界與晦澀文獻一起組成了一個巨大的謎團。要解開這個謎團，則需要解碼「上帝留在世間的一些神秘線索。上帝留下這些線索，是為了讓哲學家能夠像尋寶那樣找到擁有秘傳之識的同道會」。凱恩斯認為，牛頓有關煉金術和神學主題的著述「顯然經過了認真的鑽研，方法精確縝密，陳述極其冷靜」，「簡直就和《原理》一樣理性」。

　　20世紀晚期最有影響的兩部牛頓學術傳記都大量利用了手稿材料。曼紐爾(Frank Manuel)1968年出版的《牛頓的畫像》從心理分析的角度描述了牛頓的個性。曼紐爾的分析主要基於這樣一個假設：牛頓的潛意識行為「主要會在愛與恨的情形下」表現出來。在曼紐爾看來，牛頓的心理問題根源於這一事實：他年僅三歲時母親便再次嫁人。在此之前，牛頓已經失去

了親生父親——他父親在他出生前幾個月就去世了。這讓牛頓對他的繼父充滿了敵意。於是他便將自己獻給了他能真心承認的唯一父親——上帝。曼紐爾展示了牛頓小時候所遭受的精神創傷是如何被內化的，還有這位才華橫溢而身世坎坷的年輕清教徒最後是如何變成18世紀早期那位老氣橫秋的暴君的。

韋斯特福爾（Richard S. Westfall）1980年出版了更為正統的《永不歇息——艾薩克‧牛頓的科學傳記》。他在書中將牛頓的工作當做牛頓生活的主軸來敍述。韋斯特福爾充分利用了當時可供學者使用的大量牛頓手稿。他的《科學傳記》雖然以牛頓的科學生涯「作為中心主題」，但也涉及牛頓興趣所及的各種智力活動。韋斯特福爾非常出色地展示了牛頓的智力成就，但顯而易見，他對牛頓這一方面的欽佩並沒有延伸到牛頓的個人操行上。最後，韋斯特福爾開始憎惡起這個他花了二十多年來研究其著作的人了，而他並不是第一個對這位偉人產生這種感覺的人。

第二章
哲學式玩耍

　　根據英國當時使用的曆法，牛頓出生於1642年的聖誕節（在歐洲大陸的大部分地區是1643年1月4日）。在他出生後的頭十年裏，英國經歷了可怕的內戰。17世紀40年代，議會軍與保皇軍之間爆發戰爭，結果將查理一世於1649年1月送上了斷頭台。牛頓的舅舅和繼父都是地方教區的教區長。在國會召集教會當局檢查宗教「虐待」情況的過程中，他們兩人似乎並沒受到甚麼折磨。十多歲的時候，牛頓生活在激進的、信奉新教的共和政體下。到了1660年，查理二世復辟，共和政體被取代了。牛頓出身於一個相對殷實的家庭，在一種濃厚的宗教氛圍中長大。牛頓的父親也叫艾薩克（Isaac），他是一個自耕農，在1639年12月繼承了林肯郡伍爾索普教區的一片土地和一座很氣派的莊園。牛頓的母親艾斯庫（Hannah Ayscough）來自下層鄉紳家庭，似乎僅僅受過一點基本教育（不過這在那時是比較普遍的）。不過，她弟弟威廉卻是17世紀30年代劍橋大學三一學院（Trinity College）的畢業生。後來，在送牛頓去上三一學院的過程中，威廉發揮了很大的作用。

牛頓的父親（他顯然連自己的名字都不會寫）死於1642年10月初，當時離兒子出生還有將近三個月時間。牛頓曾對孔杜伊特講，他剛生下來時瘦小羸弱，一副病態，人們都認為他活不長久。家裏打發兩個婦人到當地一位貴婦那裏尋求幫助，結果她倆卻在半路上坐下來休息，因為她們肯定等自己返回時那個嬰兒已經死了。然而，命運多舛的牛頓還是活了下來。母親把牛頓撫養到三歲的時候，當地一位上了年紀的教區牧師史密斯（Barnabas Smith）向她求婚。史密斯牧師很富有，他答應會給漢娜的頭生子牛頓遺留一些土地，於是漢娜就在1646年1月和史密斯結婚了。從那以後，一直到史密斯1653年去世，漢娜大部分時間都和後夫生活在一起，而且為他生育了三個孩子（其中一個就是凱瑟琳的母親）。雖然孔杜伊特用抒情的筆調描寫了漢娜的品德，並且很細心地指出漢娜是一位對所有的孩子「都很溺愛的母親」，但同時強調她最鍾愛的還是牛頓。無論這話的真實性如何，來自牛頓自己的證據則表明他少年時與母親的關係非常不好。此外，在長達七年的時間裏，漢娜實際上都將牛頓留在伍爾索普由外婆撫養，歷史學家一直覺得很難將這一事實與孔杜伊特的描述協調起來。

牛頓先後就讀於當地的兩所小學，十二歲後進入格蘭瑟姆文法公學讀書。他寄宿在當地的一位藥劑師克拉克（Joseph Clark）家中。克拉克的藥房成了牛頓獲

取信息的一個大好來源。克拉克的一位後代告訴斯蒂克利，牛頓對店中大量的藥品和化學制品表現出了極大的興趣。斯蒂克利寫道，牛頓曾花了大量時間來收集藥草，還很可能向克拉克的學徒了解過這些藥草的屬性。牛頓當時和克拉克的繼子女生活在一起。這些繼子女中也有一位叫凱瑟琳——就是後來的文森特(Vincent)夫人，她提供了有關這位神童的大量信息。斯蒂克利遇到的每個人都會向他敍說牛頓製造機器的「天賦和非凡的創造性」。他們這樣告訴他：「放學後，牛頓不跟其他男孩一起玩耍，而總是在家裏忙個不停，隨心所欲地製作各種各樣的小玩意兒和木頭模型。」文森特夫人稱自己就是那位年輕的發明家當年關注、愛慕的對象。根據她的記錄，牛頓的同學「並不十分喜歡」牛頓，因為他們知道牛頓要比他們「心靈手巧得多」。牛頓「一直」都是「一個嚴肅、沉默寡言而善於思考的少年」。他從不跟男孩子一起玩耍，但偶爾會做一些玩具小屋中擺放的家具，給女孩子「擺放玩偶和懸掛小飾品」。

牛頓將母親給他的錢都用來購置鋸子、鑿子、手斧、錘子之類的工具，並慢慢在格蘭瑟姆建起了「一家齊備的工具店」。「他用起這些工具來得心應手，好像生來就是幹這一行似的。」文森特夫人描述過的那些機器以及牛頓製作的其他機器，其設計構思大都源自巴特(John Bate)的《自然與藝術的奧秘》一書。

《自然與藝術的奧秘》屬於當時極為流行的「數學魔術」一類的書籍，其中包含了無數製作機器的法子和圖畫。那時的牛頓已不甘於按部就班地利用書中的信息，而總要大大發揮一番才行。由於不滿足於按照巴特的描述複製一個簡單的風車，牛頓曾專門跑到附近一個村子裏觀摩製造一架真正風車的過程。他「天天跟工匠們待在一起」，「非常準確地掌握了風車的製作機理，然後自己製作了一個真正的、完美的風車模型」。不僅如此，牛頓還超越了他的風車樣板。他改變了風車的機理，竟讓一隻老鼠來驅動風車的翼板——老鼠為了夠着穀物，只得不停地推動一隻輪子。雖然給斯蒂克利提供信息的人對風車的準確機理有着不同的說法，但他們都一致說當時人們會從幾英里外趕來觀看艾薩克的「老鼠磨工」。斯蒂克利敏銳地指出，牛頓往往會專注於「滑稽的」（即「好玩的」）發明。除了老鼠磨工和玩偶家具之外，牛頓還研究過一個簡單風箏的結構和尺寸，然後做了一個更好的風箏，拴上一個點燃蠟燭的燈籠放飛。這個風箏曾一度引起當地人的驚恐，給了他們許多飯餘酒後的談資。

牛頓還造了一個木鐘，而且就像他製作風車和風箏那樣，緊接着又造了一個更好的。改進後的木鐘帶有一個鐘盤，由涓涓細流來驅動，而水是他每天早晨加進去的。這個木鐘是牛頓用巴賓頓（Humphrey

Babington)送給他的一個箱子改做的。巴賓頓是克拉克夫人的弟弟（克拉克夫人是史密斯的好友），他因為拒絕宣誓效忠共和政體而被三一學院開除。在以後的幾十年中，巴賓頓將在牛頓的生活中扮演一個重要的角色。此外，牛頓還進一步發揮自己的藝術天份，着手製作複雜的日晷，在克拉克家房子外部的許多地方刻畫了各種各樣的時鐘。根據斯蒂克利的記載，牛頓「畫了長長的線條，在上面繫上穿有滾球的長線；在牆上插入栓子，以標明小時、半小時以及一刻鐘。凡此種種都顯示了他思維的深度與廣度」。牛頓還用這些線條做了一本「年曆」，「根據線條就能知道是某月的第幾日，太陽進入各宮的時間，以及二分點與二至點」。與牛頓的其他發明一樣，「艾薩克的日晷」在當地教區也非常出名。這些發明也許是少年牛頓最偉大的成就。斯蒂克利認為它們就是牛頓醉心於天體運動的開端。

牛頓在藝術方面也很出色，比如在素描方面，甚至在作詩方面——雖然他對詩歌的興趣僅僅持續了一小段時間。牛頓在自己所住閣樓的牆上用木炭畫滿了動物、人物和植物的素描以及數學圖形，還將自己的名字刻畫在隔板上。在20世紀中葉，人們在伍爾索普莊園的石雕上發現了蝕刻的幾何圖畫，這無疑也是牛頓的傑作。

在1659年購買的一本筆記本上，牛頓作了一系列

有關巴特那本著作的筆記，從中可以看出牛頓當時的藝術傾向。這些筆記顯示出牛頓比較關注素描的實用方面，還表明牛頓對如何利用動物、植物和礦物或者通過混合幾種現有顏色來製作各種彩色墨水和顏料比較感興趣。僅僅十多年之後，牛頓就因混合現有顏色生成新的顏色而聞名遐邇。筆記本中摘錄的其他一些說明涉及魚餌製作以及通過迷醉手段捕鳥的種種方法——這些方法並非全都很複雜。巴特的書中還有一些配製萬能軟膏和藥膏的配方，牛頓也記下了好幾種。實際上，在劍橋和牛頓做過二十年室友的威金斯（John Wickins）後來回憶起的幾件事情之一就是：牛頓經常會拿一種自製的、令人作嘔的調和物（「盧卡泰諾香膏」）來作防腐劑。還有一些筆記來自威金斯的《數學魔術》。這是一本當時流行的著作，其中提供的信息與巴特的書類似。筆記本中的其他筆記提到了產生永動的不同方法，而永動是牛頓以後幾十年中都一直極感興趣的一個題目。

心靈手巧的牛頓沉浸在實用創造的世界中，這不僅預示了他非凡的未來，而且直接造就了他非凡的未來。實際上，對於牛頓早期所癡迷的活動與他後來所取得的成功之間有着怎樣的聯繫，斯蒂克利有過極為出色的描述。他指出，少年牛頓能夠嫻熟地使用機械工具，加之具有素描與設計的專長，這對他後來擁有出色的實驗技能幫助極大，「給他打下了運用自己強大推理能力

的堅實基礎」。非常罕見的是，牛頓具有成為一位偉大自然哲學家的所有素質，諸如「深邃的洞察力」，「堅定不移、百折不撓的解決問題的精神」，「延伸其推論〔與〕演繹鏈的巨大思維力量」，「無與倫比的代數技能以及其他使用符號的方法」。與所有的孩子一樣，牛頓也很喜歡模仿他人。但在斯蒂克利看來，「他實際上就是一位天生的哲學家。學習、機遇和勤奮給他的洞察之眼指出了一些為數不多的、簡單而普遍的真理」。他逐步拓展這些真理，「終於揭示了宏觀世界的體系」。

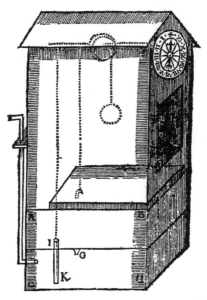

圖2　牛頓借以製造水力鐘的原始設計圖。摘自巴特的《自然與藝術的奧秘》。

虔誠之子

　　這位極具天賦的鄉下男孩雖然熱衷於製造種種器具，但卻在鬱鬱寡歡中度過了青少年時代。1662年5月底，牛頓用速記法記下了他在前十年中犯下的所有罪行；有一小段時間，他還記下了自己在劍橋的所有不端行為。雖然拿「清教教義」這個詞來形容牛頓信奉的宗教教義是完全不當的，但如果用與這個詞相關的那些激進的新教倫理價值觀來形容這些條目所反映的牛頓，則是再恰當不過的。牛頓記下的許多罪行都是他在虔誠的基督徒理應休息的安息日（「主日」）所做的一些事情。在17世紀50年代的許多個星期天，他要麼讀一本無關緊要的書，要麼在小教堂中吃一個蘋果，要麼做一個滑鍵、一個鐘錶、一個捕鼠器或搓一截繩子，在晚間還會做一些餡餅。牛頓承認在上帝之日有過「無聊的談話」，所以他也會在不經意間聽到並記下許多訓誡，這是不足為奇的。牛頓還寫道他有一次完全錯過了禮拜儀式。有時候，他將心思用在學習和錢財上，更喜歡「世俗的東西」，而沒有將上帝放在心上。的確，牛頓記下的許多罪行都涉及他沒能像一個虔誠的人那樣生活的情形。「因為沒能按照自己的信仰生活」，而且「疏於祈禱」，所以他遠離了上帝。他沒做到為了上帝而愛上帝，沒有達到「渴望」上帝規誡的程度。

　　有些小插曲與村裏其他孩子的經歷也沒有甚麼不

同。牛頓曾在另一個男孩的帽子中放大頭針「戳」人家，媽媽讓他回家時拒絕回家，藏有一把石弓卻向媽媽和外婆撒謊說沒有。在其他時候，他還會跟僕人「鬧翻」。有關食物的罪行也很突出。牛頓從克拉克的繼子愛德華．斯托勒(Edward Storer)那裏偷過櫻桃棒，從媽媽的食品盒裏偷過梨子和糖。他還承認在病中暴飲暴食，實際上，在他所列的在劍橋求學時所犯的罪行清單上，頭幾條就是暴飲暴食。第一張罪行單上的其他評語描繪了牛頓心靈的陰暗面。他用拳打過自己的一個妹妹，毆打過「多人」，還狠揍過愛德華的弟弟阿瑟．斯托勒(Arthur Storer)。牛頓的單子上還有「有過不潔的思想，說過不潔的話，有過不潔的行為，做過不潔的夢」，但其具體含義不詳。牛頓還悔恨地寫道他曾通過「非法的途徑」使自己擺脫「憂傷」，但其具體所指也不清楚。牛頓還記得自己曾「希望死亡降臨到一些人身上，詛咒他們死去」。最令人震驚的是，他還隱約記得曾經威脅要將繼父和母親連同他們的房子一起燒掉。這些都表明牛頓懷有強烈的憎恨。牛頓還編了一份常用詞名單，依照格雷戈里(Francis Gregory)1651年的《簡明名詞詞典》的樣式按字母進行排序。在「父親」、「妻子」、「寡婦」等詞後，牛頓加了「私通者」、「娼妓」等詞——這些詞是格雷戈里的書中所沒有的，可能表達了他對母親和繼父的看法。

牛頓的憤怒還體現在生活的其他方面。孔杜伊特

對牛頓相當熟悉，他認為從學業生涯之初開始，牛頓就在怨恨之心和競爭之念這兩大力量的驅使下，一門心思要超過其他所有人。牛頓經常會對孔杜伊特講一件他進入文法公學不久發生的事情。這個故事可能與他對於狠揍阿瑟‧斯托勒的「供認」有關。當時，牛頓是班上墊底的學生。有一天，在上學的路上，一個同學踢了牛頓的肚子。放學後，他就和這個攻擊者在教堂墓地打了一架。雖然牛頓「沒有對手健壯，但他鬥志昂揚，意志堅決，一直打到對手停手求饒為止」。隨後，在校長兒子的唆使下，牛頓還強行將對手的臉抵到教堂的側牆上。從此以後，牛頓開始發奮努力，在學習上趕超對手，終於在成績名次上排到了對手的前面。而且更絕的是，他還一舉成了全校拔尖的學生。

牛頓的課外活動會對他的學習產生消極的影響。但是只要他願意，他就可以隨時撿起功課，一舉超越同學。牛頓就有這種本事。斯蒂克利寫道：「有時候，一些愚笨的男孩會在排名上超過牛頓，但這往往會激勵牛頓加倍努力，反超他們。」校長斯托克斯（John Stokes）好像在早期就發現了牛頓的天賦。他曾經溫言勸告牛頓以功課為重，但仍然無法讓這個少年放開手中的錘子和鋸子。可是，到了1659年下半年，牛頓的母親決定讓牛頓輟學，回家料理自家的莊園，並讓一位可靠的僕人照看着牛頓。儘管如此，牛頓還是

癡迷於製造水車與其他模型，而且一讀起書來就會忘掉一切，根本無法勝任料理莊園的任務。他負責照看的牛羊會闖進附近的田地。有記錄表明，這年10月他還因此被罰過款。牛頓還常常忘記吃飯；用斯蒂克利的話來說，「他整個心思都撲在哲學上了」。

各種傳記在寫到牛頓此時的發展時，都不再將他描寫成一位極具天賦的技工，而會開始將他描繪成一位超脫的學者。後來，有好幾樣不同的證據表明，到牛頓前去劍橋求學的時候，他已經因自己超脫的行為或「愚鈍的」行為而聞名鄉里了。作為家務管理者，牛頓的確不可救藥。他會賄賂僕人來代替他，而本人則跑到上學時寄宿過的那間閣樓裏去尋求學者式的避難，全神貫注地閱讀堆放在那裏的醫學書籍和科學書籍。在其他時候，他乾脆就躺到籬笆或樹下看書。還有一次，他拉的馬掙脫了籠頭，而他卻一個勁地埋頭看書，走了好幾英里路都沒有覺察。牛頓的母親「對他的這種書生氣怒不可遏」，而僕人們則稱他為「一個傻小子」，認為他「永遠都不會有甚麼作為」。

這時，校長斯托克斯向牛頓伸出了援手。斯托克斯告訴漢娜，牛頓極具天賦，不應埋沒於「鄉村俗務」中。他看到了「這個少年的非凡才能，驚嘆於他的驚人發明、心靈手巧以及遠遠超過他的年齡的奇妙洞察力」。他還告訴漢娜，牛頓「將成為一位非常了不起的人」。斯托克斯還提出願意免除牛頓的膳食

費，這一點可能是促使漢娜同意兒子返回文法公學、預備上大學的關鍵因素。牛頓於1660年秋返校，並接受了拉丁語和希臘語的額外訓練。在牛頓畢業離校的那一天，斯托克斯為他舉行了一場激動人心的歡送會，據說還讓學校的其他學生熱淚盈眶。不過，斯蒂克利寫道，僕人們可沒有感受到這種情感，他們斷言牛頓「一無是處，只配上上大學」。

三一學院

到畢業的時候，牛頓將上劍橋三一學院的事情已經定了下來。三一學院是英國當時最有聲望的學院。在將牛頓送入三一學院的過程中，艾斯庫（William Ayscough）和新近恢復了三一學院研究員身份的巴賓頓的共同努力也許發揮了決定性的作用。1661年6月5日，牛頓以「減費生」這一接近僕役的身份進入劍橋。牛頓的低級身份與他母親擁有的財富顯得很不相稱，令人奇怪。減費生須負擔自己的膳食並參加講座。他們實際上就是研究員或富有學生的僕人。牛頓可能以減費生的身份服侍過巴賓頓——雖然僅僅是在名義上。此前一年春天，查理二世復辟，劍橋市民和大學師生對此作出了迅速而積極的響應。在學校的高級職位上，保皇黨的支持者取代了共和政體任命的人員。1662年，國教學者，極具影響的《信經講解》（1659）的作者皮爾遜（John Pearson）成為三一學院院

長。在他的領導下，三一學院強調更為傳統的學術形式，尤其注重神學方面的學習。

牛頓在大學裏是如何花錢和打發時間的呢？來自一個小筆記本的證據讓人們能對此有所了解。筆記本開頭的一些條目表明，牛頓購買了書籍、紙張、鋼筆、墨水等基本學習用品以及在17世紀的學生住宿條件下所需的一般生活用品，如衣服、鞋子、蠟燭、一把課桌鎖、一張屋內地毯，還有一個夜壺。牛頓還買了一塊手錶、一個棋盤，後來又買了一套棋子(據凱瑟琳說，牛頓玩起棋盤遊戲來得心應手)，並付了七個便士作為使用網球場的年費。筆記本中還有「去舞會和遊艇」的條目，並且在後面重複出現，表明牛頓在劍橋的第一年並沒有將每時每刻都花在學習上。的確，牛頓還另列了一個「瑣碎」而「浪費」的開銷單子，上面有購買櫻桃、啤酒、柑橘醬、奶油餅、蛋糕、牛奶、黃油和乾酪的記錄。後來，他還買過蘋果、梨和炖梅脯。

很快，牛頓就開始給他的宿舍清潔員和同學放債——從現存的學生記錄來看，這在當時的大學生中是非常罕見的。向牛頓借錢的同學有許多都是「自費生」，他們在大學中的社會地位要略高於牛頓。絕大多數得到牛頓慷慨借款的人都償還了借款，這一點可從牛頓在相關記錄上所劃的叉號看出。大約是在1663年的某個時間，牛頓認識了另一個自費生威金斯(他兒

子尼古拉斯（Nicholas）寫道，他父親當時發現牛頓「孤獨而沮喪」），隨後兩人決定合住一室。威金斯還會時不時地充當牛頓的謄寫員。兩人一直合住到1683年，是年威金斯離開劍橋，到教會擔任了一個職位。威金斯曾告訴兒子尼克・威金斯（Nick Wickins），牛頓工作起來常會忘記吃飯，而且在早晨起床時「精神飽滿，為發現了某個命題而心滿意足；似乎一點也不在乎晚上的睡眠，或者晚上根本不需要睡覺似的」。如果牛頓的回憶準確的話，他應該就是在遇到威金斯的那一年迷上「決疑占星學」*的，而且還買了一本關於占星術的書。所謂決疑占星學，就是通過研究恆星和行星的位置來評估個人前途未來的學問。可是，牛頓對占星術並不滿意，於是在次年轉而研究歐幾里得（Euclid）的數學，但不久又丟開了，因為他覺得歐氏數學無足輕重、過於淺顯。

牛頓可能聽過巴羅（Isaac Barrow）於1664年3月首次開講的盧卡斯數學講座。巴羅是首任盧卡斯數學講座教授，他也許曾注意到自己的聽眾中有一位特別專心的學生。巴羅開始數學講座一個月後，三一學院舉行了一次定期進行的獎學金競賽。牛頓參加了這次競賽。根據牛頓後來的敘述，他的考官就是巴羅；由於

---

* 　主要用於中世紀和文藝復興初期，與當時主要用於醫療診斷和氣象預測的自然占星學（natural astrology）相對。不過這一區別現在已不復存在。

他對歐幾里得的數學缺乏了解，所以巴羅對他很失望。巴羅當時絕對想像不到，這個年輕學生竟然已經鑽研過笛卡兒那令人生畏的《幾何學》了。牛頓當時顯然很謙虛，並沒有道出自己的這一成就。不過，牛頓最後還是獲得了獎學金，從而擁有了好幾樣特權。第二年早些時候，大約就在證明廣義二項式定理的同一時間，牛頓為了獲得文學學士學位，不得不參加一場耗時較長的、更為標準的知識考試。後來也有一種說法，稱牛頓這次考試差一點沒能及格。不過，這一說法可能將這次考試和前一年的獎學金考試混為一談了。

　　1665年年中，一場瘟疫席捲了英國的許多地方。牛頓和絕大多數學生一樣，也在7月底或8月初回家了。1666年3月，牛頓返回劍橋，繼續給許多以前向他借過錢的同學放債。然而，剛到夏天，那場瘟疫又死灰復燃，牛頓便又回到林肯郡躲避瘟疫。正是在林肯郡，而且很可能就是在巴賓頓位於布斯比帕戈內爾（Boothby Pagnell）的家裏，牛頓完成了自己絕大部分的創造性工作。1667年3月20日，牛頓從母親那裏收到十英鎊。次月，牛頓返回劍橋時，母親又給了他十英鎊。在隨後的一年中，牛頓將這筆錢的大部分以及他的債務人所還的大部分錢用於如下用途：購買了一些磨製工具以及進行實驗的設備，買了三雙鞋，打牌輸錢（兩次），在酒館喝酒（兩次），買了幾卷早期的《哲

學會報》以及斯普拉特(Thomas Spiat)新出版的《皇家學會史》，給他妹妹買了一些橙子。9月，牛頓又參加了一次競賽，這次是為了角逐大學研究員的職位。不知是由於得到了巴賓頓或巴羅的支持，還是因為牛頓的才華和對學問的執著在為期四天的口試中大放異彩，他最後被選為了副研究員。

顯然，這次當選也意味着牛頓精通院長皮爾遜要求的那種神學學問。當選之後，牛頓按要求宣誓要將神學作為他研究的中心，還宣誓將來要領聖命，否則就得辭職。此後不久，牛頓就搬到一間新屋居住，並根據個人的品味裝修了屋子。1668年7月，牛頓被授予文學碩士學位，這樣他就可以向學院正研究員的職位靠近了。牛頓在自己的衣袍布料上花了好多錢，還購買了一頂昂貴的帽子、一套衣服、幾張皮地毯、一把睡椅(與威金斯合買)，並買了一些填充一張新羽絨床的材料。他還買了三個棱鏡，每個一先令；還買了一些「玻璃杯」——大概是用來進行化學實驗的。那年夏天晚些時候，牛頓第一次去了倫敦。不久之後，他便聲名鵲起。

第三章
神奇歲月

在17世紀的頭幾十年裏，人類對地球與天體的認識大大加深了，這一進程通常被稱為「科學革命」。大學過去非常倚重亞里士多德(Aristotle)的哲學，這種倚重此時正在迅速減弱，雖然就整個歐洲而言，亞里士多德的自然哲學與倫理學作為本科生階段的課程，一直要按部就班地講授到17世紀末。在亞里士多德的自然哲學體系中，物體的運動是「按照因果關係」用物體所擁有的四元素(土、水、氣、火)的多少來解釋的：物體因為自身特定元素的重量優勢或升或降，向着各自的「自然」位置運動。人們會習慣性地將自然哲學與數學或光學、流體靜力學和和聲學等「混合數學性」科目進行對比。在這些科目中，可用數字來測量外部量，如長度和持續時間等。不過，這一切都是在這樣一個宇宙觀中進行的：地球位於中心，周圍則環繞着太陽和行星。

第一次認識上的巨變發生在天文學上。哥白尼(Nicholaus Copernicus)的日心體系儘管遭到天主教會和許多新教派別的正式反對，但還是獲得了新的皈依

者。在1596到1610年之間，開普勒(Johannes Kepler)和伽利略·伽利雷[*](Galileo Galilei)的著作引發了一場天文學革命。開普勒在其1596年發表的《宇宙的秘密》中假定了一個以太陽為中心的宇宙體系。在這個體系中，行星之間的距離可以通過在正立體中內切行星的軌道而求得。1609年，開普勒出版了巨著《新天文學》，提出了一個引人入勝的關於行星運動的理論，其中就含有後來以「開普勒三定律」而聞名的行星運動定律的頭兩條(行星沿橢圓軌道運行，而太陽則位於其軌道的一個焦點上；所有的行星圍繞着太陽在相等時間內掃過同等的面積)。

1609年，伽利略將多個鏡頭組合在一起，發明了一台能夠放大物體的儀器。他將這台「望遠鏡」轉向太空，發現木星周圍有一系列衛星繞行，就像行星繞着太陽運行一樣。1610年，伽利略出版了《星際使者》。在這本小書中，伽利略還宣佈月球上有山巒和峽谷，而銀河是由成千上萬顆恆星組成的。1613年，伽利略證明太陽也有黑點，而當時的人們普遍認為，天是「永不腐敗的」。1619年，開普勒出版《宇宙諧和論》，提出自己的第三定律，指出對任何行星的軌道而言，行星到太陽的平均半徑的三次方跟行星公轉周期的二次方的比值不變。伽利略的一系列發現徹底

---

[*]　伽利略姓伽利雷，全名為伽利略·伽利雷(Galileo Galilei)，但現已通行用他的名來稱呼他，而不用他的姓。

推翻了人們認為天完美無缺的看法，而開普勒定律將在牛頓論證《原理》的關鍵命題中發揮至關重要的作用。

伽利略對17世紀科學的貢獻並不限於他在天文學上的工作。1632年，伽利略勇敢地出版了《關於兩大世界體系的對話》，該書試圖證明哥白尼的世界體系。就是因為這本書，他被軟禁在家，直到1642年去世。不過，就在軟禁期間，他還是設法於1638年出版了光輝著作《關於兩門新科學的談話和數學證明》。亞里士多德認為，拋出的物體首先會經歷「劇烈」的運動，然後便被「自然」運動所取代，而自然運動會促使拋射體中的土粒子向下運動，回到它們的自然位置。亞里士多德還認為，物體下降的速度和物體的重量成正比。然而，伽利略卻在《談話》中宣佈拋射體的運動軌跡是拋物線，並且接近地球表面的物體所受的垂直分力可以用一條定律來表示。根據這一定律，任何重量或「體積」的物體垂直降落的總距離與降落時間的平方成正比。伽利略還清楚地指出，重力的物理起因並不重要，而且要揭示出來的確極其困難，這又一次和亞里士多德的整個學說體系相反。伽利略揭示了地球上的好些現象都是可以用數學來描述的，從而為力學這門現代科學奠定了基礎。牛頓在其同名巨著《數學原理》中展示了他的輝煌成就，旨在表明「數學原理」也是更多自然現象的基礎所在。

現代科學的另一個重要方面則是由培根(Francis Bacon)勾勒出來的。在伽利略和開普勒發展天文學和

力學的同時，培根也在提倡這樣一種思想：理解自然的正確方法是直接研究自然，而不應通過亞里士多德的著述（或其他任何文獻）來進行。培根認為自然哲學上的進步只能通過協作項目來實現，並由此提到了新近發現美洲和太平洋的壯舉，讚揚了藝術與貿易所取得的進步。對迥然不同的事實進行觀察，會增加人們對這個可見世界的認識，而設計精良的實驗能將自然世界分解為各個組成部分，從而得出有關大自然真正秘密的信息。培根甚至還讚揚了煉金術士用以分析自然的方法，不過他同時對煉金術士們的封閉生活方式和模糊的行話感到悲哀。

並非所有的反亞里士多德主義者都認同伽利略的方案就是發現科學真理的正確方法。笛卡兒提出了一種複雜的解釋，用以描述這個物理世界背後的各種微結構。笛卡兒認為，我們周圍的世界中存在的那些機械現象也在不可見的層面上運作着。在他的機械哲學中，一個不可見的微觀世界配有許多鉤子和鏍絲，將各種元素凝聚在一起。根據笛卡兒的解釋，一種巨大的太陽「渦旋」通過運動壓出各種物質，對地球上的現象產生重大影響，從而產生了諸如磁、熱、重力和電等大規模現象。笛卡兒認同伽利略的反亞里士多德學說（同時還秘密地認同伽利略和開普勒信奉的哥白尼學說），但他又指責這個意大利人的「建構缺乏基礎」，聲稱科學解釋需要採用自然界的微觀機械建構

模塊。我們將會看到，這就是青年牛頓從事的最有影響的工作，雖然它很快就成了對手的批評對象。

數學新手

最初，牛頓接受的是劍橋大學本科生所受的標準教育。他得閱讀大量規定的神學文獻和亞里士多德的著作。他對嚴肅數學的興趣，則很可能是巴羅於1664年春的盧卡斯數學講座激發的。根據牛頓後來的記述，大約就在巴羅開講的那會兒，他學習了奧特雷德（William Oughtred）的《數學之鑰》和笛卡兒的《幾何學》。在1664到1665年的冬天，牛頓認真研究了笛卡兒的分析數學（以及荷蘭數學家范‧斯庫藤（Frans van Schooten）在其編譯的笛卡兒《幾何學》中所加的評註）、韋達（François Viète）的代數學著作，以及沃利斯（John Wallis）的「不可分割法」。牛頓利用我們所説的笛卡兒坐標幾何學，掌握了定義各種圓錐曲線（圓、拋物線、橢圓和雙曲線）的方程。儘管牛頓最初低估了歐幾里得在《幾何原本》中的成就，但他後來非常欽佩歐幾里得和阿波羅尼奧斯（Apollonius）的偉大成就，視他們的方法為從事數學工作的模板。

到1664年年底，牛頓找到了求曲線任意點上的「曲度」或斜率的方法。這就是所謂的切線問題。詹姆斯‧格雷果里（James Gregory）和德‧斯盧斯（René François de Sluse）等數學家當時正致力於研究這一問題。

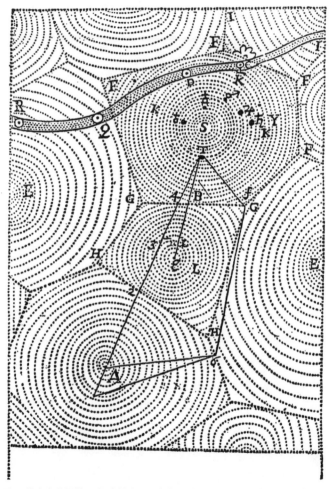

圖3 笛卡兒的渦旋：圍繞着太陽S的太陽系，以FFFFGG為界。其他星系也以恆星為中心。

笛卡兒發明了一種通過找出一個大圓在接觸曲線的點上的曲率半徑來確定曲線「法線」(即垂直於切線的直線)的方法。不久，牛頓便改進了這一方法。他利用近距離兩點之間的法線，讓這兩點之間的距離變得任意小，由此便能求出「表達」任意圓錐曲線的方程中任意點的切線，還可求出相關方程的最大值和最小值。牛頓將這個過程加以推廣，用來表述我們現在稱為微分法的基本要素。根據微分法，切線的斜率代表着曲線在任何一點的變化率。

早在1663到1664年的冬天，牛頓已開始研究沃利斯有關曲線截面下面積求法的分析。沃利斯的方法是將曲線下的區域分割為無窮小的截面來計算。到沃利斯1655年出版《無窮算術》的時候，人們已經知道對於基本方程式 $x = y^n$，其曲線下0到 a 之間的面積是 $a^{n+1}/n+1$。這就是有名的「求面積法」或「求積法」，也就是我們現在稱為「積分法」的雛型。但對於更複雜的方程式來說，則需要使用不同的技巧，例如利用無窮級數。在無窮級數中，隨着一系列項達到極限，就能夠接近一個終值。沃利斯發展了這一思想，他對拋物線和雙曲線求積，發現了一系列接近 π 值的項。

在1664到1665年的冬天，牛頓認真研究了沃利斯的著作，並提出了能夠取得同樣結果的另一種方法。不久，牛頓對沃利斯的方法加以提煉，開始考慮利用分數冪(涉及平方根、立方根和其他根)來求曲線面積

的方法。牛頓還超越了沃利斯，發現了求與圓面積相等的正方形面積的正確級數。他進而拓展了從這一成功中得到的洞察力，最終證明了廣義二項式定理（既適用於整數冪也適用於分數冪），可以用來展開任何 $(a + x)^{n/m}$ 形式的方程式。在1676年致萊布尼茨的一封信中，牛頓首次公開宣佈了這一發現。

1665年初，牛頓基本上弄清了切線法與求積法是互逆的運算，也就是說，那時的牛頓已經掌握了微積分的基本定理。到1665年末的時候——很可能是出於對巴羅的模仿，牛頓依然照常將曲線視為在特定條件下的點在一個虛擬空間中劃出的線條，並談到了點在特定時刻經歷的「速率」。這就是牛頓所說的「流數」法——曲線上各點的值從一點「流向」下一點。至此，曲線下面積不僅可以被視為無限小部分的總和，而且可以被視為「運動學上」的面積——一個運動的點與其正下方x軸上相應的值的連線所掃過的區域。在1666年10月的一篇傑出論文中，牛頓系統地闡述了他在這方面的大部分傑出成就。那篇論文標誌着他已經成了當時世界上頂尖的數學家了。

蘋果落地

一個蘋果掉下來，讓牛頓想到將促使蘋果落地的力量和促使月球保持在其軌道上的力量進行比較。這個故事可以說是科學史上最有名的一個傳說了。不管

其真實性如何，牛頓在數學上取得一系列發現的同時，還在力學上進行了一系列了不起的研究，這些研究使他成為將支配地上運動的力量與支配天上運動的力量統一起來的第一人。按照牛頓自己的說法，他首先發現了將旋轉物體保持在其軌道內的定律，由此獲得了他在力學上的新穎洞見。很快，牛頓就寫下了一系列運動定律。他在二十年後撰寫《原理》時，將會想起（並發展）其中的許多定律。在一本名為「廢料簿」的筆記本上，牛頓在1665年初寫下了一百多個運動公理，這些公理已含有了慣性的基本概念。牛頓斷言撞擊的效果與撞擊的起因必然相等——這是後來《原理》中第三運動定律的雛型，不過他卻援引一個形而上的理由來解釋這一斷言。牛頓精巧的分析考慮到了物體的體積和速度，最後得出了這樣一個定律：撞擊之前與之後的動量（mv）守恆。

接着，牛頓又非常靈巧地研究了一個物體在封閉的正方形中受各邊碰撞之後的運行途徑，並設想正方形各邊對物體的四次撞擊之和與保持一個物體圍繞一個中心沿軌道運行的力量是類似的、相等的。牛頓假設施加撞擊作用的邊數可以無限大（這樣多邊形就會成為一個圓），由此推出維持一個物體沿圓圈運動一周所需的總力量「與物體的運動力量之比相當於所有的邊〔即圓的周長〕與圓的半徑之比」。如果「物體的運動力量」為 mv，那麼物體旋轉一周所受的總力量應是 $2\pi mv$。

如果旋轉一周所需的時間為$2\pi r/v$，那麼總力量除以時間，其結果mv^2/r表示的就是在特定時刻作用於旋轉物體上的力量。這一力學發展上的開創性成果是惠更斯(Christiaan Huygens)在1673年發表的，但早在幾年之前，牛頓就已經利用這一發現走到了惠更斯的前面。

現在，牛頓發覺自己可以解決一個最早由伽利略提出的問題，即將一個物體保留於地球上的力量(重力)與該物體所受「離心力」之間的比率。離心力就是地球的自轉將物體甩向太空的趨勢。就重力來說，牛頓獨立算出了重力加速度g。就離心力而言，牛頓測定地球自轉一周，離心力會使物體移動$2\pi^2 r$的距離。他將地球的大小作為其中的一個值，得出重力大概要比離心力大350倍(在一秒鐘之內，重力會使一個物體下降16英呎，而離心力只會使一個物體移動半英吋多一點)。

也許因為看到蘋果落地而受到了啟發，牛頓在17世紀60年代末將月球離開地球的趨勢與地球表面的重力進行了比較。這個問題也是伽利略提出的。牛頓用一個數字來表示地球的大小；根據這個數字，月球就有60個地球半徑(從地球中心到赤道的距離)那麼遠。在此基礎上，他推導出一個物體離開地球赤道的趨勢(其離心力)是月球離開地球的趨勢的12.5倍。如果月球軌道的規律要求月球的離心力能夠平衡地球施加的

向心引力，那麼月球的離心力就應等於地球表面重力所施拉力的350×12.5(＝4325)倍。

在進行這些計算的同一份手稿中，牛頓還將自己關於旋轉物體的受力定律插入開普勒的第三定律，從而得出施加於一個旋轉物體的力與距離的平方成反比($1/r^2$)這一定律。牛頓後來回憶道，他算出的將月球維持在軌道中的力的數值(即4325)「非常接近」根據平方反比定律將月球到地球的距離的平方(60^2＝3600)納入計算之後得出的數據。那時，他將兩個計算結果之間的差異歸於一種地球渦旋的影響。後來，他意識到這一差異實際上是由對地球大小的不當計算造成的。他還會將這一了不起的工作視做他優先發現萬有引力定律的證據。不過，不管這一成就有多麼了不起，它尚缺乏他那偉大理論——萬有引力定律的許多要素。

哲學問題

牛頓的這些興趣並未影響他在科學上的多產。在另一本筆記本中，牛頓對亞里士多德的著作以及相關評註作了一系列筆記。這些筆記涵蓋了當時任何一個歐洲大學生所必修的普通課程科目，例如倫理學、邏輯學、修辭學和自然哲學等。大概是在1664年末的某個時間，牛頓便不再在這本筆記本上摘錄亞里士多德的著作，而是寫下一個「某些哲學問題」的標題，在下面記了一系列

哲學筆記和哲學疑問。在這個標題上方，他寫了一句眾所周知的格言：「柏拉圖是我的朋友，亞里士多德是我的朋友，但真理是我更偉大的朋友。」

「哲學問題」筆記本開頭的一些條目配有小標題，這些小標題涉及物質的本質、一些微小物體「凝結」成大物體的原因、冷與熱的本質，以及有的物體下降而有的物體上升的原因。他還有力地批評了傳統的觀點。實際上，他評論過的這些普遍主題將是他一輩子感興趣的焦點所在。最先的這些條目帶有一種形而上的味道，這與他不久以後採用的更具實驗性的方法截然不同。例如，關於物質的本質，他認同莫爾(Henry More)在其《靈魂的不朽》(1659)一書中的看法，指出物質世界的基本建構模塊非原子莫屬。物質與「數學上的點」不同，無法進行無窮分解，因為一個由無窮小的部分——無論它們有多小——組成的集合，是無法構成一個有限物體的。對於凝結現象，牛頓利用笛卡兒的假設來解釋。笛卡兒假設，一種太陽「渦旋」會噴出一種稀薄的物質，這種物質產生了大氣，而大氣反過來又「向下壓迫」地球，使「世上的一切物質緊緊簇擁在一起」。

一直到17世紀80年代初，牛頓都信奉笛卡兒的渦旋說。起初，他將渦旋最精純的部分稱為「輕純物質」，不過，為了將這種遍佈一切而又不可覺察的介質與更為粗糙的「空氣」區別開來，他後來改用了「以太」一

詞。牛頓懷疑渦旋的攪動是否會使物體升溫，還想知道熱究竟是由光驅動空氣引起的，還是由光本身直接引起的。他還提出了這個問題：在波義耳(Boyle)的真空泵(該氣泵可抽取或壓縮玻璃箱中的空氣)中排除水的熱量，能否讓水結冰？牛頓認為，那種通過自身向下運動生成重力的物質必然會以另一種形態上升，這是因為：(1)如果不上升，就會導致地球地下洞穴的膨脹；(2)如果不以另一種形態上升，上升的物質就會抵消下降的物質，重力也就無從產生。牛頓還認為，上升的物質一定要比下降的物質「粗重」，否則上升的物質會撞擊大物體更多的(即內在的)「部分」，從而產生一種比下降力更大的上升力。牛頓對這種循環宇宙論的興趣從來沒有減弱過，而這一興趣的意義在他後來的煉金術實驗和科學工作中都有體現。

甚至天體現象也可通過實驗來研究。牛頓就笛卡兒《哲學原理》中對彗星本質的論述作了筆記，並緊接着在後面記下了他自己在1664年12月對彗星的觀測結果。根據牛頓後來的回憶，那次彗星觀測耗費了他許多時間和精力，甚至讓他「身心紊亂」。牛頓記錄道，彗星「沿渦旋流逆向」向北移動，並提出了一些非常特別的實驗，以測驗月球渦旋可能產生的作用。是月球的作用引起了潮汐嗎？一開始，牛頓指出不是這麼回事，因為如果是這樣的話，潮汐應該在新月出現的時候最小，但事實並非如此。不過，這可以通過

一試管水或水銀來檢驗，看看管內液體的高度是否會受到月球方方面面的影響。

在每一點上，牛頓都會提出解決主要哲學問題的實驗。這在當時的大學生中是絕無僅有的。牛頓提出了一系列實驗，來測定不同元素的具體重力，確定將物體加熱或冷卻是否會影響其重量，還有將物體移到不同地方或不同高度是否會影響其重量。令人驚嘆的是，牛頓不僅建立了重力理論，而且還提出了這樣的問題：重力的「射線」能否像光線那樣被反射和折射？若能使重力射線擊打一個上面按特定角度安置了板條的水平輪子，從而讓輪子像風車一樣轉動，或者設法讓重力射線僅僅作用於一個豎輪的某一半，從而讓輪子旋轉起來，那麼永動也並非不可能。在筆記本的其他地方，牛頓還提出了一系列類似的疑問，以期利用磁力射線產生永動。磁鐵通過發射磁力射線，也許能讓一塊熾熱的、狀如風車翼板的鐵塊旋轉起來？可能就是為了檢驗這些想法，牛頓在1667年買了一塊高質量的磁鐵，並於不久之後用磁鐵的銼屑做了一系列非常獨特的實驗。

在閱讀笛卡兒的《哲學原理》的過程中，牛頓再次對空氣與水的本質產生了疑問。他花了大量精力來思考笛卡兒關於軟硬物體的微觀結構的描述。像在別處一樣，牛頓在這裏又提出利用波義耳的真空泵來驗證深奧的理論猜想——這些猜想大都是關於以太的。

例如，光在一個抽空的氣泵中照樣可以發生折射，所以折射必定是由「空氣和真空中的同一種稀薄物質」引起的。不過，在不同種類的玻璃中，折射的幅度是否都一樣呢？波義耳沒有考慮過這個問題，但牛頓考慮到了——他當時可以利用基督學院的一個真空泵。

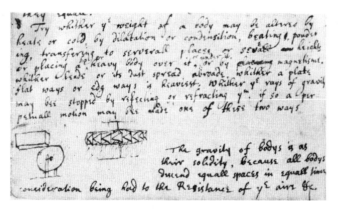

圖4　兩個關於利用重力波來製造永動機的想法。摘自牛頓在劍橋三一學院的「哲學問題」筆記本。

精神與身體

「哲學問題」筆記本中的許多條目都涉及靈魂的本質與確切所在，以及內在的、主觀的精神與外在的身體在人的體驗中各自發揮的作用。從一開始，牛頓就對我們所說的「精神—身體」問題非常着迷，也對不同的人對同一起因會產生不同的反應這一事實非常着迷。在「關於同情與反感」這個標題下，牛頓寫道：

一個人嘗來是甜的東西，另一個人會覺得是苦

的。同一樣東西，一個人聞來非常美妙，另一個人則會感到不快……看到同樣的東西，有些人無動於衷，有些人則會如癡如醉。樂曲帶來的快樂也因人而異。觸覺也是一樣。

在題為「關於感覺」的另一節(夾在摘自莫爾《靈魂的不朽》的筆記中)，牛頓寫道，「對他們來説爪哇胡椒並不辣」。

在這些筆記條目中，牛頓還談及了被哲學家們援引為靈魂處所的大腦的各個部位。他記錄了各種不同的現象，表明就算大腦受到嚴重損傷，人的感覺也可以不受影響。一隻青蛙如果大腦被「刺穿」，它就會喪失一切「感覺和行動」。但是人在大腦被刺穿後，只要大血管沒有受刺，仍能運用自己的感覺。顯而易見，一個人無法通過環鑽(或錐子)在自己頭上所打的孔張望，但是「假如給一個接受環鑽術的人的腦髓加一丁點重量也會使他完全喪失感覺和行動能力」。

牛頓早期研究內容的一個關鍵要素涉及自由意志的本質問題，以及與此相關的靈魂如何與身體的其餘部分產生聯繫的問題。一些身體運動是無意識的。在「關於運動」的大標題下，牛頓寫道，人的許多動作都是純機械的：音樂家可以不假思索地奏樂，歌手唱歌時「無須留心也不會漏掉一個音符」，人走路時並不需要意識到自己應該如何行走。將一根鯨鬚伸入人的喉

嚨會讓人嘔吐，這又是一個純機械動作的例子，也明顯地證明了動物的行動是「機械的、獨立於靈魂的」。

不過，牛頓在描述靈魂的過程中，有力地駁斥了一切對靈魂的純機械式的解釋。跟大多同代人一樣，牛頓不想像笛卡兒和霍布斯(Thomas Hobbes)等機械哲學家一樣，沾上無神論者的惡名。因為靈魂的官能與人的個性有關，所以記憶就提供了關乎人的動作緣由的重要證據。人的頭部如果受到重擊，有可能會使人完全喪失記憶；但是很久之後，在遇到類似事情的時候，記憶又可能被重新激活。在題為「關於靈魂」的一個條目中，牛頓認為記憶不僅僅是一種「變更後的大腦物質」的行動，我們體內肯定有一種甚麼「原則」，這一原則能使我們在最初的動作停止之後還能想起相關的事物來。這一見解後來成了牛頓自然哲學的關鍵點之一。

在另一篇不同尋常的短文《論創造》中，牛頓還討論了動物的「靈魂」。在那個時代，絕大多數哲學家都認為動物靈魂與人類靈魂的本質截然不同。不過，牛頓卻暗示，有那麼一種原始的「非理性靈魂」，當其與不同動物的身體結合時，就產生了現存的所有那些野獸。牛頓用速記法(因為他的論點太過大膽了)暗示道，說上帝最初為不同的物種創造了不同的靈魂，就相當於說上帝做了一些不必要的工作。不同物種之間的差異源自其本能，而本能依賴於物種身

體的構造組織。更為激進的是，主張人的靈魂本質上都是類似的，人與人之間的差異僅僅來源於身體構造的不同。在單列出的另一個關於上帝的短小條目中，牛頓指出不論人還是動物都不會是「原子偶然混雜」的產物。如果是這樣，人或動物定會長有許多無用的部分，「不是這兒多一團肉，就是那兒多一個器官，有的獸類可能只有一隻眼，而有的卻可能有好幾只」。

牛頓曾試圖區分靈魂的行動與身體的行動，其最驚人的嘗試始於他所記的一系列關於「想像力」（或「幻想力」）和創造力的筆記。牛頓認為，想像力是靈魂的一種能力，能夠產生睡夢和記憶中出現的那種圖像。他指出，「一種腳跟朝上的適當姿勢」以及「新鮮空氣、禁食與適量飲酒」都有助於想像力的培養。不過，「醉酒、暴食、過度學習（過度學習與偏頗的激情都會導致瘋狂）、情緒的混亂騷動」則會摧毀想像力。牛頓警告說，「沉思冥想」會讓有的人大腦發熱、「注意力分散」，會讓其他人產生「一種疼痛或眩暈感」。訓練想像力來做一些新的事情，這是可能的。從格蘭維爾（Joseph Glanvill）的《武斷宣稱的自負》（1661）中，牛頓摘錄了一個很有名的故事：一位牛津大學的學者從吉卜賽人那裏學會了如何「通過加強自己的幻想力和想像力」來對他人進行精神控制。

錄下牛津學者的這個故事之後，牛頓過了一段時間便緊接着該條目記載了他自己進行的關於想像力與視覺的一系列實驗。在1665年的某個時間，他對自己的視力做了一系列危險的實驗，其中就有長時間直視太陽的行為。牛頓雖將這些系列實驗稱做主觀體驗，但他對它們的詳盡描述則表明他帶有一種客觀的超脫態度。牛頓寫道，用一隻眼睛直視太陽一段時間後，所有淺色的東西看起來都成了紅色，深色的東西都變成了藍色。用這隻受損的眼睛來看，白紙乍看起來是紅色的，但是「如果我通過一個很小的孔來看，只讓很少的光線進入我的眼睛」，同樣的白紙看起來就成綠色了。

　　牛頓的視覺實驗並未就此打住。當他眼中「精靈」的運動(他是這麼認為的)漸漸消失之後，他閉上眼睛卻還可以再現出太陽的映像。眼中先會出現一個藍點，藍點中央漸漸變淡，周圍逐漸出現一個個紅色、黃色、綠色、藍色和紫色的同心環。牛頓在不同的條件下進行這個實驗，發現那個藍點有時候會成為紅色。他將眼睛睜開之後，看不同顏色的感覺與剛開始直視太陽之後的感覺一模一樣。於是，他得出這樣的結論：太陽與他的想像力作用於他的視覺神經與大腦中精靈的方式是完全一樣的。牛頓還到外面凝望白雲，結果看到了紅色，這跟注視白紙後得到的效果相同(「只是大部分都要深一些」)。他看上一會兒雲(雲

明亮得讓他的眼睛都會濕潤），就能讓一個點「在朦朧的紅色中閃亮」。

這些實驗實際上只是牛頓類似系列實驗中的一部分。牛頓對工作的投入和癡迷由此可見一斑。牛頓讓眼睛休息了一會兒，然後在黃昏前一小時又重複了上述整個實驗。這之後，當他用好的那隻眼睛看白紙或白雲等白色物體時，照樣能在紙或雲的背景下看到太陽的形象，周圍簇擁着「朦朧的紅色或黑色」。這時牛頓發現，除非他把心思花到別的工作上，否則他的眼睛幾乎不可能看不到太陽的形象。等到每只眼睛都能承受太陽形象的時候，他就可以在太陽原來的位置上想像出好幾個形狀來，「由此也許可以得出，對太陽最令人痛苦的注視能夠顯示出對可見事物最清楚的幻覺」。牛頓繼續寫道，「從中我們可以得出一些關於瘋狂或夢的本質的認識」。這些艱苦實驗的後遺症非常持久，牛頓在1691年向洛克（John Locke）詳細描述過這些實驗，在1726年又向孔杜伊特詳細描述過這些實驗，說如果他有心思的話，仍可以在眼中喚起一個太陽的映像。

光與色的新理論

牛頓早先在筆記本上寫過一個關於顏色的條目。一段時間以後，他又翻開新的一頁，寫下同樣的標題，在下面記錄了一系列用棱鏡進行的實驗。通過這

些實驗，牛頓不僅駁斥了亞里士多德關於光與色的觀點，而且對笛卡兒、波義耳和胡克（Robert Hooke）在其新作中對顏色的論述提出了挑戰。牛頓是在甚麼時候開始這些研究的，其確切日期我們不得而知。不過，牛頓後來說他之所以開始研究顏色，最初是為了重複笛卡兒在其《屈光學》中報告的用棱鏡進行的顏色實驗。在《屈光學》中，笛卡兒稱光經過棱鏡的傳播，會在距棱鏡約五十釐米之外的牆上產生各種顏色，並說這一現象能夠解釋彩虹的形成過程。為了重複這一「著名的顏色現象」，牛頓在某個時候搞到了一個棱鏡，不過「哲學問題」筆記本中記錄的最早的實驗條目提到的工具卻是兩個。

在這部分關於顏色的筆記中，第一條評論提出要檢驗這一問題：通過棱鏡產生的紅色和藍色混合在一起能否構成白色？在此之前，牛頓已經批評了更早的一些理論，這些理論或認為顏色由黑色與白色組合而成，或假設顏色源於陰影與光線的混合。在筆記本的其他地方，牛頓還批評了光是由壓力引起的觀點。這一觀點肯定站不住腳，因為如果真是這樣的話，渦旋施與我們身上的壓力會讓我們一直看到亮光，而在黑暗中，一個人只有跑動起來才能看到事物。最後，牛頓抨擊了光的波動說，其理由是光是按直線行進的，而波或「脈沖」通過以太介質時並不會按直線行進。早些時候，牛頓非常認同光是由微粒或小球組成的猜

想。這一猜想與羅伯特‧胡克在其新作《顯微術》中所描述的「脈沖觀」截然對立。

筆記上所記的一系列觀測記錄中的第三個條目描述了牛頓的一個關鍵性實驗：通過棱鏡觀察一根一半染成藍色、一半染成紅色的線。牛頓注意到，線的一半「顯得比另一半高，且兩個半截並未出現在同一條直線上，其原因是這兩種不同顏色的折射度不同」。牛頓通過光「球」的潛在速度來解釋這一現象，認為移動較慢的光束和移動較快的光束的折射幅度不同，而藍色和紫色應該屬於速度較慢的光束。牛頓推斷，每當較慢的光束為物體吸收時，物體就呈現出紅色或黃色，而每當較快的光束不被物體反射時，物體就會呈現出藍色、綠色和紫色。以此為基礎，牛頓後來提出了更為複雜的解釋，稱自然物體根據自身的屬性能夠「展示」特定的光束，從而顯示出不同的顏色。由運動或快或慢的小球組成的有色光束是普通光的固定特徵，因為普通光就是有色光的混合物。單束色光不是由棱鏡產生的，而是由棱鏡折射出的。當時人們普遍認為通過棱鏡產生的顏色是由折射造成的「改變」引起的。牛頓的觀點與此相反，既質疑了亞里士多德的觀點，也挑戰了當時流行的對光與色的機械式解釋。

牛頓相信眼睛在光的體驗中以特定的方式發揮着作用，而他此時的工作並沒有與這一理解相脫節。他

接着進行了一系列與眼睛相關的實驗，這些實驗對眼睛的損害程度絲毫不亞於當初直視太陽的實驗。他從側面用力壓迫一隻眼球，使之變形，讓眼中浮現出一些「幻影」。牛頓還寫道，他將「一個黃銅板置於眼睛與接近視網膜中央的骨頭中間——我的指頭放不進那裏」，由此看到了一個「非常鮮明的印象」。牛頓還在黑暗中或者在不同的壓力下將這個實驗重複了好幾次。毋庸贅言，那個時代沒有第二個人做過這類事情。

測算折射率

在一本所謂的「化學」筆記本中，牛頓繼續進行他的視力實驗。他在這本筆記中寫了另一篇文章——《論顏色》，記述了截然不同的研究努力。文章開頭敍述了一個通過棱鏡觀察一根雙色線的實驗，接下來則列出了一系列非常新穎的關於反射和折射的實驗。當時，牛頓的同代人(他們尚不知道顏色具有不同的折射率)最多只是將光束折射後投射到約一米之外的地方，牛頓則將折射光束投射到大約七米(22英呎4英吋)外的一堵牆上，表明不同顏色的光束具有不同的折射指數。在一間黑屋子裏，牛頓讓陽光從窗簾上的一個小洞中射進來。他發現經過一個三棱鏡的折射後，光束會在對面牆上形成一個長方形的形狀，而不是圓的形狀。與他以前觀察到的一樣，藍色光束折射得比

紅色光束厲害。不過牛頓也很謹慎地指出，紅色和藍色並不是光的固有屬性，而只是眼睛對具體光束的體驗。牛頓還以非同尋常的精確程度測出，通過棱鏡折射出的不同顏色的光束有着各自不同的折射率。在那之前，還沒有任何人注意到這一點。

在後面記錄的系列實驗中，牛頓還描述了一個更加複雜的實驗：讓從第一個棱鏡折射出的光束經過第二個棱鏡被再次折射。這一次，藍色光束與紅色光束的折射程度仍和它們穿過第一個棱鏡時的折射程度一樣。牛頓還注意到單束有色光經第二個棱鏡折射後，並不會進一步變更為其他顏色。牛頓又增加了一個棱鏡，將三個棱鏡平行放置，讓透過三個棱鏡的光束互相重合。這時牛頓寫道：「在幾個棱鏡折射出的紅色、黃色、綠色、藍色和紫色混合的地方出現了白色。」做過這些實驗之後，牛頓已經掌握了他後來關於光與色的成熟理論的基本要素。他拋開自己的粒子說，認為白光並不是一種經過變更能夠產生顏色的基本實體。相反，他認為白光是由多種(牛頓並未說明究竟是幾種)不同的原色光合成的，而每一種原色光都有自己不變的折射指數。

牛頓還對有色薄膜進行了分析研究，這是他另一項重要的觀測實驗。有色薄膜現象是胡克最先觀察到的。把一個透鏡盡可能緊地壓到一塊平面玻璃上，然後通過透鏡觀察玻璃，就可以看到一些不同顏色的同

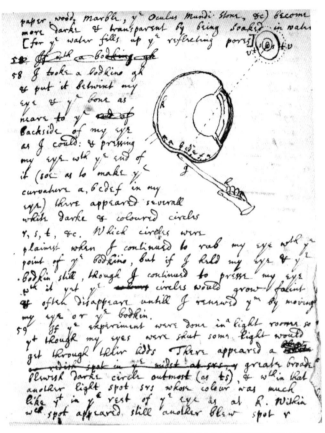

圖5 牛頓所畫的實驗示意圖：用一根粗針壓迫自己的眼球並使之變形。

心圓。通過計算透鏡的曲率半徑，牛頓竟然測出了同心圓與玻璃之間的空氣薄膜的厚度，而且精確到了十萬分之一英吋。牛頓的這個分析大約是在1670年或1671年進行的，其結果首次出現在他於1675年底發給

皇家學會的《觀測論文》中，後來又收錄在他1704年出版的《光學》中。牛頓的主要發現是：任一點上薄膜的厚度與每個圓圈的直徑的平方成正比。此外，牛頓和其他一些人在試圖將兩塊玻璃完全壓合起來時遇到了困難，這一困難後來成了短程斥力存在的主要證據。

這第二篇論文《論顏色》明確表明，眼睛實驗仍然是牛頓顏色研究的一個主要部分。牛頓發覺用銅板來做實驗工具不是很好，於是就找來一根「粗針」——一種用來在織物上鑽洞的縫紉工具，將粗針戳進眼後的隱窩，「而且盡可能接近我眼球的後面」。這時他眼前像以前一樣又浮現出了幾個圓圈。牛頓寫道，「當我持續用針頭摩擦眼球時」，這些圓圈「最為明顯」；「但當我將眼球和針頭都停止不動，就算我持續用針壓迫眼球」，圓圈還是會「漸漸變暗，經常消失，直到我再次轉動眼球或者移動粗針時才會再現」。

牛頓後來說自從他發現了色差現象之後，他就停止了改進折射望遠鏡鏡片研磨技術的努力。笛卡兒曾提出，一個磨成任一圓錐截面(雙曲線或橢圓)的透鏡會形成球面透鏡所無法形成的清晰圖像(其原因在於折射的正弦定律)。牛頓曾花了好多個鐘頭，親自嘗試用圓錐截面透鏡形成清晰的圖像，並在其「廢料簿」中記錄了實驗結果。然而，色差使得所有的嘗試都無果

而終，由於不同的顏色折射幅度不同，透鏡無法將它們聚攏在一起形成清晰的圖像。如果製造清晰的折射望遠鏡是不可能的(儘管牛頓並沒有完全放棄這個想法)，那麼是否可以利用平面鏡來製造一架望遠鏡呢？同代人最多只在理論上探討過建造這樣一種望遠鏡的可行性，而牛頓卻領先一步，實實在在製造了一架很成功的平面鏡望遠鏡，而且望遠鏡的各個部件都是由他親手製作的。雖然這架望遠鏡的金屬片容易失去光澤，所形成的圖像也沒有色彩，但是它卻解決了色差的問題，而且放大程度跟一架高性能反射望遠鏡不相上下。這是一個了不起的成就，牛頓因此名滿劍橋，就像他當年通過自己的發明聞名格蘭瑟姆一樣。

第四章
挑剔的大眾

　　1668年，牛頓成為了三一學院的正研究員。由此開始，他的人生道路發生了重大轉折，而這一轉折在很大程度上是由艾薩克·巴羅促成的。那時候，巴羅已經發現了牛頓的巨大潛力。他曾感謝牛頓(儘管沒有點名)幫助他修訂1669年光學現象方面的一本著作——《十八講》，而牛頓也幾乎肯定參加過巴羅在1667與1668年所作的盧卡斯幾何光學講座。那時巴羅大概還不知曉牛頓在光學領域所做的顛覆性工作。在巴羅的支持下，牛頓於1669年9月被選為巴羅的繼任者，擔任盧卡斯講座教授。

　　1669年初，巴羅給牛頓看了一本上年年末出版的書——墨卡托(Nicholas Mercator)的《對數術》。墨卡托發現了一種使用無窮級數來求對數的方法。牛頓後來說他初讀《對數術》的時候，還(錯誤地)以為墨卡托發現了可用來展開分數冪多項式的廣義二項式定理。不管怎樣，看了墨卡托的書之後，牛頓意識到墨卡托已經開始通過「平方」項來生成無窮級數。這促使牛頓撰寫了一篇才華橫溢的數學論文，即我們現

在稱為《無窮級數分析法》(或《分析法》)的那篇論文。這篇論文內涵十分豐富,雖然沒有詳細闡明二項式定理,但卻展示了幾個接近sin x與cos x的值的無窮級數。牛頓還提出了求擺線積分與割圓曲線積分的種種技巧。他宣佈正切法與求積法是互逆的技巧,並利用1666年10月的那篇論文為他的流數法提供了有力的基礎。此外,在1676年寫給萊布尼茨的兩封重要數學信件中,牛頓還將特別倚重《分析法》一文。

1669年7月底,巴羅將這篇論文寄給身居倫敦的數學家柯林斯(John Collins),並於一個月後向柯林斯透露了牛頓的作者身份。無窮級數是當時人們探討的熱點。通過柯林斯,牛頓的那篇論文以及他的數學成就開始引起了其他數學家的注意。實際上,牛頓還於11月在倫敦與柯林斯見了一面,兩人一起討論了牛頓的反射望遠鏡、級數的擴展、和聲的比率等問題,還談到了牛頓親自研磨鏡片的事實。不過,柯林斯注意到牛頓並不願透露自己工作背後的基本方法。就在此時,巴羅讓牛頓評論一下柯林斯不久前才翻譯過來的金克於森(Gerard Kinckhuysen)的《代數》一書。牛頓寫了一篇詳盡的評論,不過這篇評論從未公開發表。讓柯林斯深感奇怪的是,牛頓無論如何都不願自己的名字出現在那篇評論中。牛頓在1671年9月向柯林斯清楚地指出,如果他的評論一定要公諸於眾的話,他希望能以匿名的形式出現在人們面前。「無論公眾中有

誰想將我草草寫就的東西予以出版」，他都不想「獲得此人的敬重」。此後三十年中，這一態度一直都支配着牛頓與其著作的潛在讀者之間的關係。

作為盧卡斯講座教授，牛頓講授的幾何光學與他的前任巴羅所講授的截然不同。他接二連三地採用實驗、棱鏡和透鏡來證實自己的白光異質性理論，非常重視他在工作中一貫追求的數學精確性與確定性。他堅持認為自然哲學家應該成為幾何學者，應該停止探討那些僅僅是「可能」的知識。在此，牛頓首次公開宣佈自然哲學能夠達到一種絕對確定的程度，並且自然哲學應該建立在數學原理的基礎之上。

此時，如果牛頓願意發表自己的研究成果的話，他必將被視為當時世界上最多產的科學家之一，而且無疑是世界前所未見的最有才華的數學家。有一段時間，柯林斯一直督促牛頓發表《分析法》一文以及他的光學講義。牛頓也花了許多精力來修改這兩部作品。1671年初，他將《分析法》加以拓展，寫成一篇新的關於級數法和流數法的論文；1671年下半年，他重寫了自己的光學講義。與原來的講義有所不同，新講義提出在討論顏色的本質之前，應該先測算光的折射度與反射度。1672年4月，柯林斯再次督促牛頓發表其著作。不料牛頓卻告知柯林斯，他原想將光學著作與數學著作合在一起出版發行，但後來卻放棄了這一想法，「因為從我那非常有限的發表作品的經歷中，

我已經發現除非與出版事務劃清界限，我將不會獲得以前享有的安寧與自由」。可是，那會兒牛頓的名字確實曾作為編者出現在瓦倫紐斯（Bernard Varenius）編著的一本關於地理的書上。不過牛頓後來也承認，他對該書沒有多少貢獻。

牛頓對發表成果的失望源自他首次與國際讀者接觸的經歷。牛頓早就向柯林斯說過他製作了一架反射望遠鏡。1671年年末，巴羅將牛頓製造的一架新的反射望遠鏡送給皇家學會，讓反射望遠鏡的話題又一次「熱」了起來。皇家學會的秘書奧登伯格（Henry Oldenburg）告訴牛頓，他的望遠鏡深受會員們的好評，「一些光學科學與實踐領域的頂級專家」也對其進行了較為細致的審查。奧登伯格還告訴牛頓，他已將一份關於望遠鏡構造與性能的描述寄給了巴黎的惠更斯，「以防那些可能在這裏或者在您所在的劍橋見過望遠鏡的陌生人篡奪這一發明」。

在回信中，牛頓對自己的發明表現出了一貫的超然態度。他告訴奧登伯格，那架望遠鏡已在劍橋靜靜地放了好幾年了，在此期間他並未進行過任何鼓吹宣傳。他還就如何生成用來製作鏡面的合金提供了建議，並感謝皇家學會選他為會員。接着，牛頓仍以謙虛的姿態接受了學會給他提供的一筆資助，並表示為了對會員們的活動有所裨益，他願意向他們傳遞他經過「貧乏而孤獨的努力」所獲得的一切成果。不過，

牛頓在致奧登伯格的另一封信中披露，促使他製作反射望遠鏡的那個發現在他看來稱得上「迄今為止對自然運作最奇特的發現，如果不是最重大的發現的話」。1672年2月初，奧登伯格適時收到了牛頓論述這一發現的那篇劃時代的論文。

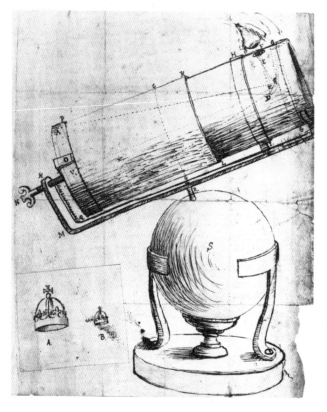

圖6　皇家學會的一位會員所畫的牛頓反射望遠鏡草圖。這架望遠鏡是牛頓於1671年末呈送給皇家學會的。

牛頓在皇家學會

皇家學會成立於1660年。在其成立後的幾年中，學會就對進行實驗和描述實驗的最佳方法形成了一種觀點——實際上就是學會的官方觀點。在很大程度上，這種觀點是以波義耳採用的方法為基礎的。波義耳在其著作中建議，作者應該採取一種「歷史敘事」的風格。這就要求作者盡可能詳細地描述他們在具體場合所進行的實際活動。但凡有可能，作者都應避免提到任何無法通過實驗進行驗證的假設，而且不應過於草率地提出普遍性聲明，宣稱自然在所有類似情況下都會如何如何運作。作者應對他們的聲稱持有謙虛的態度，而且對自己的觀點持有的確信不應超出證據能夠支持的程度。任何命題的真偽，都會為時間所證實，都會為其他許多人多次就同一現象進行的重複實驗所證實。波義耳認為一些傾向於利用數學方法的自然哲學家對應用數學技巧來研究自然世界過於自信，容易就自己的工作提出無根據的、過於確信的主張。

在2月提交的那篇論文中，牛頓開頭以歷史敘事的方式敘述道，在嘗試研磨非球面透鏡的中途，他於1666年買了一個稜鏡，在一間黑屋子裏讓一束陽光通過稜鏡，投射到22英呎之外的牆上，以此來測驗「顏色現象」。他原想根據折射定律，會在牆上看到一個圓形的映像，但卻「驚奇地」發現看到的映像是「長

方形的」。根據牛頓的敍述，他逐漸排除了有關「光譜」被拉長的各種解釋——包括玻璃的厚薄或者均勻程度，並對實驗結果進行了精確的測量。光線進入棱鏡的角度(31')與光線離開棱鏡的角度(2°49')相差太大，難以用傳統的折射定律來解釋。

「最後」，牛頓寫道，他便進行了他所說的experimentum crucis（「關鍵性實驗」，該術語源自培根的 instantia crucis[*]）。關鍵性實驗就是他在那篇關於顏色的最成熟的論文中描述過的雙棱鏡實驗的改進版，不過描述得有些含糊不清。在關鍵性實驗中，牛頓拿了兩塊板，板上各有一個很小的洞。他把一塊板放置在窗前(第一個棱鏡就放置在那裏)，將另一塊板放置在離窗12英呎遠的地方。他將第一個棱鏡繞軸轉動，讓不同顏色的光線通過第二塊板上的洞，射到放在板後的第二個棱鏡上。牛頓想通過這個實驗顯示(這一點在後來有更清楚的體現)，雖然不同顏色的光線都以相同的入射角進入第二個棱鏡，但是每種色光從第二個棱鏡射出時發生的折射幅度，與其原先從第一個棱鏡射出時的折射幅度一樣大。每種色光的折射率並沒有為第二個棱鏡所修改，所以每種色光都具有一種內在的「發生特定幅度折射的……趨勢」。牛頓評論說，由此產生的色差限制了折射望遠鏡成像的精確度。

---

[*] 意為「關鍵性實驗」。培根用這一術語來指能夠證明一假設正確而另一假設錯誤的某一實驗。

圖7 關鍵性實驗。翻印自牛頓的法文版《光學》(第二版)。

　　論文寫到一半的時候，牛頓便放棄了歷史敘事的
寫法，聲明如果繼續那樣寫下去，就會使他的文章變
得「乏味而混亂」。他寫道，自然哲學家會驚奇地發
現，顏色理論是一門基於數學原則之上的「科學」；
顏色理論具有無可爭議的實驗基礎，因此不是假設
的，而是絕對確定的。在論文的剩餘部分，牛頓列出
了自己顏色理論的「原則」，並增加了一兩個實驗予
以說明。一束特定顏色的光線連續通過幾個棱鏡時會
「頑固地保持其顏色」，「不管我怎樣努力，都無法
改變其顏色」。最奇妙的是，牛頓欣喜地寫道，他發
現白光是由所有原色光混合而成的。牛頓稱他的理論
可以解釋一切自然物體的顏色：我們之所以看到物體
呈現出某種顏色，是因為它們傾向於反射某些色光而

不反射其他色光的緣故。在論文結尾，牛頓提出了一個將給他帶來無數麻煩的宣稱：光是物質的(即由物體組成的)這一事實也許再也不容否認了。但他接着寫道，要確定光究竟為何物，或者要確定光究竟如何被折射或者「以何種模式和動作在我們的大腦中產生顏色的幻覺」，這要比確定白光的組成困難多了。不過，牛頓也指出，他最後關於光的本質的聲稱對他論文的論點並不是至關重要的，而他不會將「確信與臆測混為一談」。

這篇論文不僅是現代史上對普遍接受的光學觀點提出的最大挑戰，而且還清楚地表明牛頓眼中調查與證明科學宣稱的正當方法應該是甚麼。奧登伯格在回信中告訴牛頓，學會的會員們「專心致志地」考察了該篇論文，並對它「發出了難得的喝彩」。他要求牛頓同意將此文發表在《哲學會報》上。奧登伯格還提到，學會決定讓一些會員嘗試重複論文中描述的實驗以及其他一些相關實驗。牛頓回信說他之所以將論文寄給皇家學會，是因為他認為學會會員們是「哲學事務最公正、最能幹的鑑定人」。牛頓還說他「並沒有將論文披露給有偏見的、好挑剔的大眾(許多真理就是因為被披露給了大眾而受到阻隔以致消失了)」，所以他現在可以「自由地」將注意力「轉向一群明智而公平的人士」，並為此「深感榮幸」。

假設的麻煩

反射望遠鏡的結構說明以及關於光與色的論文一並發表了，這讓牛頓聲名鵲起。幾位同時代的哲學家，包括有名如惠更斯者，都對牛頓的發明讚許有加。然而，論文發表後不到一周時間，皇家學會的明星會員胡克就寫信給奧登伯格，稱自己對牛頓的理論持有重大保留意見。雖然胡克同意牛頓的實驗現象是真實的，但他不相信光的不同折射度只能由牛頓的白光異質性理論來解釋，他也不同意牛頓的實驗表明光是物質的。胡克宣佈他早就發現了類似的現象，認為牛頓關於白光的理論並不像牛頓自己在論文中展示的那麼確定。

胡克自己的假設是：光是通過勻質的、無形的介質傳播的一種脈沖或運動，而顏色就是由光經過折射而產生的改變引起的。胡克宣稱這一假設是在成百上千個實驗的基礎上得出的。如果牛頓真有一個非常有說服力的關鍵性實驗來證明自己的論點，那胡克定會欣然同意牛頓的理論。可是，他還可以想出無數其他的假設來解釋牛頓實驗中發生的現象。為甚麼組成顏色的所有的運動在撞擊棱鏡之前應該聚攏在白光中？這完全沒有甚麼必然性。這就像說在風琴的管子發出聲音之前，所有的聲音都「在」風箱中一樣毫無必然性。牛頓的理論充其量是一種假設——不過是「一種非常精妙而靈巧的假設」，完全不像一個數學證明那麼確定。

1672年6月，牛頓從自己的實驗記錄本以及光學講

義中選取大量數據，撰長文答覆了胡克。這份答覆本身構成了光學領域的一份重要文獻。在答覆開頭，牛頓先以高傲的姿態譴責了胡克的行為。胡克本該「施惠」於他，給他寫一份私人信件的。胡克歸之於他的那個「假設」並不是他在論文中所表達的那個假設，因為他在論文中並沒有堅持光是否為一種物體。他鄙視「假設」，在論文中沒有理睬「假設」，在談到光時只是「用籠統的術語將光抽象地視為由發光體向各個方向沿直線發送的某種東西，而並未指明這種東西究竟為何物」。

接着，牛頓利用他早在學生時代就得出的論據，對胡克的光的波動說進行了直接攻擊。牛頓說，也許有人會承認胡克的波動說能夠解釋他所描述的實驗現象，但胡克的這個假設面臨着一系列問題。液體的波動與振動並不沿直線運行，但光卻似乎是按直線傳播的。更糟的是，由於不同的物體必然會滲出「不同」的脈沖，那麼普通光肯定是由這些不同的脈沖構成的混合物，或者是「不同光束聚集而成的一種集合體」，而這恰恰是牛頓所主張的光的異質性。牛頓繼續大力攻擊胡克：胡克的假設不僅不夠充分，而且難以理喻。胡克如果是一位稍有廉恥之心的實驗者，就該發現他所説的是真實的。「從總體上」來考慮光，基本顏色應該不止兩種，而胡克的聲稱與此相悖。牛頓稱他的關鍵性實驗的確實至名歸。

胡克當然不會感受不到牛頓信中的語氣。在致皇家學會一位資深會員的信中，胡克寫道自己後來又按照牛頓的提示，拿棱鏡和有色環做了進一步的實驗，但依然無法相信牛頓的理論。不過，他又說如果他的信冒犯了牛頓的話，他對此表示抱歉，因為那封信原本就沒有打算讓牛頓過目。胡克強調指出，他對自己的觀點確實有很好的證據。的確，胡克做過一些折射實驗，表明在特定條件下，光的確會掃射到「陰影」區域。胡克說如果他的假設讓人難以理解，他對此感到抱歉。不過，胡克也不無諷刺地指出，他並「不懷疑」牛頓能夠解釋原色光在折射後如何保持自己固定的折射度，之後又如何被聚在一起而「合為一體，然後又彼此分離，不受干擾地沿直線運行，好像從未相遇一樣」。牛頓也許能夠理解其中的奧妙，但是胡克理解不了，他也無法理解此時的牛頓何以害怕說明光線究竟是甚麼東西。

　　胡克在回應中固執地認為，哲學解釋必須為解釋對象提出可以理解的物理原因，這就給自然哲學家理解牛頓的理論定下了一個模式。次年年初，克里斯琴・惠更斯再次提到了胡克曾經提出的觀點，大意是說其他所有顏色都由基本顏色生成，而基本顏色的數目是有限的。惠更斯還指出，牛頓並沒有遵守機械哲學的基本原則，也就是說，牛頓應該提出一個物理假

設，來解釋光通過棱鏡後何以會展示出不同的顏色。惠更斯說，如果牛頓做不到這一點，那麼「他沒有告訴我們顏色的本質與差異，他教給我們的就只有不同顏色具有不同折射度這樣一個偶然事件了(當然這一現象本身也是非常值得考慮的)」。

惠更斯的批評似乎超出了牛頓忍受的極限。牛頓提筆給奧登伯格寫信，說他想退出皇家學會，因為他與倫敦之間的「距離」使得他無法給學會帶來裨益。同時，牛頓還告訴柯林斯，他受到了學會一些成員的「無禮對待」。牛頓的這一意見被反饋到皇家學會的秘書奧登伯格那裏。奧登伯格在給牛頓的信中提到胡克時說，每個團體中都會有一個麻煩製造者，但「就整體而言，學會成員都很尊敬和愛戴您」。

不過，牛頓還是給惠更斯去了一封措辭激烈的覆信。牛頓說要由黃色與藍色合成光經棱鏡折射後產生各種顏色是不可能的，而光的基本現象僅是由兩種光線引起的，這一解釋也讓人難以信服。雖然牛頓在最初的論文中就提到過簡單光與複合光可能看上去一樣，只有通過實驗才能分開，但惠更斯的評論迫使他再次指出這一點。如果白光能夠僅僅由兩種色光組成，那就意味着色光本身就是複合的，而不是原始的。好像嫌自己的語氣還不夠粗魯一樣，牛頓斥責道：這一點是如此明顯，「以至於我覺得認識到這一

點不該有絲毫的遲疑，對那些懂得如何檢驗一種顏色是簡單的還是複合的以及一種顏色是由甚麼顏色構成的人來說更應如此」。

雖然奧登伯格曾跟惠更斯說過牛頓是一個非常率直的人，但惠更斯還是被牛頓的這種態度激怒了。他說如果牛頓這麼激烈地為自己的理論辯護，他就不想再跟牛頓有甚麼爭論了。不過，惠更斯還是非常大方地給牛頓寄送了一本他撰寫的、非常出色的書——《擺鐘》。牛頓感謝惠更斯贈書，說該書充滿了「非常敏銳而有用的推論」（譬如離心力方程），但對於惠更斯對他信中語氣的批評，牛頓回應說向他提出他已經回答過的異議，似乎有點「不近情義」。在寫給奧登伯格的一封含有對惠更斯的回應的信中，牛頓重申了他「不再熱衷於哲學事務」的打算。

此後，牛頓仍間歇性地與柯林斯以及其他一些數學家通信，討論協助建立對數表、平方表、平方根表與立方根表的捷徑與技巧。不過，這時候牛頓的生活中發生了其他一些事情。1674年年末，牛頓面臨着這樣一件事：若要保住他在三一學院的研究員身份，他就得接受神職，從而確認他對聖三位一體教義的信仰。由於下一章將會解釋的那些原因，牛頓已不可能再接受神職。次年1月，牛頓曾向奧登伯格暗示，他很快就要失去自己在三一學院的職位了。不過，牛頓於次年2月底去了一趟倫敦，會晤了政府的一些高層官

員。之後，他便得到特許，允許他在1675年春不領聖命而繼續擔任研究員。巴羅（時任三一學院院長）的支持很可能是牛頓成功獲得特許的關鍵因素。

陰暗的日子，糟糕的棱鏡

就在牛頓認為自己擺脫了公開爭論之時，一連串新的輕率的通信又將他拖回到公開爭論之中。列日耶穌會會士利努斯（Francis Linus）寫了一篇批評文章，由此掀起了對牛頓理論的新一輪攻擊。利努斯1675年去世以後，他的同事們代表他繼續攻擊牛頓的理論。他們批評說，牛頓在論文中所給的各種指示操作起來很困難，而且重複實驗也很難取得牛頓所說的實驗結果。在一定程度上，牛頓原先已經預見到了這些問題。他採用的數學方法必然會帶來這些問題，因為數學方法處理的是一兩個抽象的、理想化的實驗情形，而不會是許多相關實驗的一些詳細描述。起初，皇家學會的會員就牛頓關於光與色的理論寫下了一些疑問，當奧登伯格將這些疑問寄給牛頓後，牛頓也承認他論文中的說明有些晦澀，並說如果當初就想着要發表的話，他就會描述得更詳細一些，還會加入更多的圖解。

牛頓與利努斯的同事加斯科因（John Gascoignes）和盧卡斯（Anthony Lucas）之間的通信進一步擴大了牛頓原先與利努斯之間的爭執。英國的多位自然哲學家在

重複牛頓的大多數實驗時似乎並沒有遇到多少麻煩，但牛頓與耶穌會會士之間的通信表明，即使是一些很有造詣的哲學家，在重複牛頓的實驗時也會遇到重重困難，甚至要理解這些實驗的要點也非常困難。從耶穌會會士一方來看，他們認為自己是在奉行皇家學會的基本原則，相信只有通過一些不同的實驗來了解一個理論的不同方面，才能逐漸積累起科學知識。他們說由於牛頓的理論過於新穎，所以就得由牛頓自己來證明這個理論。但在牛頓看來，耶穌會會士是在明目張膽地攻擊他的真誠和能力。他堅持認為自己的關鍵性實驗就足以證明他的理論是站得住腳的。他批評耶穌會會士沒有按照他的指示做實驗，批評他們沒有能力按照要求的精度去測量折射角度（要精確到分，而不僅僅是度），批評他們使用的棱鏡不夠格，而且依賴早已作古的實驗者。

1677年的某個時候，牛頓再次決定出版自己的光學著作（可能要與他關於無窮級數的著作一起發表），包括他的光學講義和已經發表的通信。那年3月，牛頓讓一位叫洛根（David Loggan）的藝術家給他刻了一幅畫像，準備作為這部著作的卷首插圖，但後來事情並沒有按計劃進行。1678年2月，牛頓向盧卡斯索要一份盧卡斯早期（1676年10月）來信的副本，因為他在一場火災中失去了這封信的原件。那場火災應該發生在不久之前，毀壞了牛頓的許多論文，而且讓原來計劃的

出版工作泡了湯。碰巧，盧卡斯在兩個月前就已徵得牛頓的首肯，將這封信發表在《哲學會報》上了。於是，這封信就經由羅伯特‧胡克轉到了牛頓的手上。胡克是奧登伯格剛剛去世之後皇家學會的幾位新任秘書之一。可是不知怎的，牛頓發現盧卡斯發給胡克要求發表在《哲學會報》上的那封信跟原件稍有不同。1678年3月，牛頓在寫給盧卡斯的最後一封信中，對盧卡斯早期信件所體現的低下的科學質量破口大罵。處於崩潰邊緣的牛頓稱盧卡斯及其耶穌會會士「友人」策劃了一個針對他的陰謀。他們將他「逼」入他深惡痛絕的公開辯論之中。牛頓告訴盧卡斯，他認為盧卡斯的大多數觀點都太「無力」，無法予以承認，而牛頓不願與盧卡斯「爭論」還有「其他謹慎的原因」。如果和耶穌會會士的公開爭論讓他大倒胃口，他大可以將時間花在其他有意思的事情上。

第五章
真正的煉金術哲學家

17世紀中葉，煉金術的名聲可謂毀譽參半。許多人看不起煉金術，認為變賤金屬為金子不過是一種毫無希望的追求。其他的人卻認為煉金術有着悠久而可敬的傳統，其中的秘密隱藏在晦澀難懂的文字和比喻之中，因而顯得格外「高貴」而意義重大。波義耳等自然哲學家雖然看不起一些所謂的煉金法術，但同時相信如能進行正確的解讀，一些煉金術文獻實際上對自然界中最有價值的運作提出了自己的解釋。就此而論，煉金術應屬於一種被稱為「化學」的範圍更大的實踐活動。化學還包括普通的或「庸俗的」化學操作，而這些操作應是每一位化學家全部技能的一部分。不過，煉金術傳統則相信整個自然界都是活生生的。這一傳統似乎有望解答關於發酵、發熱、腐爛以及動植物與礦物生長的問題。人們認為煉金術士應該掌握了仿效發酵、發熱、腐爛、生長等非凡進程的技能，運用這些技能他們就可以將各種元素進行相互轉換。大多數煉金術士相信煉金術有其根本的宗教成份

或靈性成份，但牛頓的煉金術論文中則顯然缺少支持這一信念的證據。

17世紀50年代，以美洲人斯塔基(George Starkey)為中心在倫敦興起了一個煉金術士的圈子。斯塔基撰寫了一些著作，發展了范‧海爾蒙特(J.B. van Helmont)的生機理論。斯塔基還分析了促使某些基本元素發酵或生長的方法。受此吸引，牛頓於17世紀60年代末開始閱讀斯塔基的著作。在這段時期所記的筆記中，牛頓用從波義耳的著作中找到的術語編了一本化學詞典，並記下了從事普通化學這一行業所必需的所有化學制品、操作程序和許多儀器。當時，發酵、嬗變、生命、繁殖以及精神與身體的關係等至為重大的主題深深困擾着牛頓和他的同代人。為了解答涉及這些主題的種種問題，牛頓還是轉向了煉金術傳統。牛頓是從甚麼時候開始投身煉金術研究的，其確切時間無從得知。不過，就在1669年，牛頓給他的朋友阿斯頓(Francis Aston)寫了一封涉及煉金術的信，購買了兩個熔爐，還一口氣買進了澤茲納(Lazarus Zetzner)的六卷本《化學劇場》。這一切表明，他同年榮任的盧卡斯講座教授一職可能多少影響了他對煉金術的研究興趣。

然而，牛頓並沒有忽略「普通」化學所能提供的東西。大約就在那個時候，牛頓在他的「化學」筆記本中從波義耳的《關於寒冷的新實驗與新觀察》中抄錄了許多頁筆記，中間加有他自己的疑問，偶爾還會

提出自己的實驗。《關於寒冷的新實驗與新觀察》出版於1665年，與波義耳在17世紀六七十年代發表的其他著作一道，形成了一座可供牛頓挖掘的再好不過的信息寶藏，提供了關於自然界的詳盡而權威的信息。例如，波義耳注意到，雖然亞洲要比歐洲冷得多，但中國人並不像歐洲人那樣感到寒冷，這是因為亞洲的「地下呼氣」中含有「發熱流」的緣故。從摘自波義耳著作的其他筆記以及牛頓對它們的思考中，我們可以看出牛頓始終感興趣的一些自然哲學主題：熱、光、嬗變以及自然的「原理」等。

在筆記本的另一處，牛頓記有一節關於「形狀」嬗變的筆記，其中有這樣的記錄（摘自波義耳1666年發表的《形狀與性質的起源》）：珊瑚、螃蟹和龍蝦等生物體如從水中撈出，終會變成石頭；在蘇門答臘島附近生長着一種枝條，其根卻是「蟲子」；而在巴西，一種類似蝗蟲的動物變成了一種植物。波義耳還提供了一個關鍵的信息：雨水蒸餾後，會留下一種白色的土質殘渣。牛頓以讚許的口吻提到范·海爾蒙特，說范·海爾蒙特認為水是萬物之本，因為萬物「通過連續的運作」終會「還原」為水。

提及范·海爾蒙特之後，牛頓又從斯塔基的《宣稱的焰火製造術》中摘抄了一些內容。這表明牛頓當時的閱讀重點已發生了變化。大約就在同一時間，牛頓也閱讀了邁克爾·邁爾（Michael Maier）的《十二國

煉金術士成就談》一書。牛頓在1669年5月致阿斯頓的那封信就是以此書和一份關於旅遊者忠告的手稿為基礎寫成的。在那封信的開頭，牛頓誇誇其談地提了一些如何對付外國人的建議。不過，牛頓也要求阿斯頓(阿斯頓即將去歐洲大陸旅行)留心一種金屬嬗變為另一種金屬的實例，因為這些實例「也是哲學中最有啟發性且收益非凡的實驗，非常值得足下的注意」。筆記本中的具體指示來自他所閱讀的邁爾的著作，但與他從波義耳的著作中擷取的信息也有關聯。不久以後，牛頓就開始貪婪地大量閱讀煉金術著作——既有手稿也有印刷品。牛頓從許多煉金術手稿文獻中摘抄了筆記，這一點非常重要，因為它表明牛頓與基於劍橋——或者更可能是倫敦的煉金術士圈子相識。不幸的是，牛頓所結交的這些煉金術士，其身份大都模糊不清。

金屬的生長

如同對待「哲學問題」一樣，牛頓很快就開始進行新穎的煉金術實驗。不過，給不同的煉金術著作與術語編纂索引並比較這些著作與術語依然是他研究策略中關鍵的一環。購買《化學劇場》後不久，牛頓利用這部合集中引用過的文獻，編了一個簡短的「命題」清單。牛頓在清單中提到了一種活躍的「揮發之靈」，叫做「磁體」，說它是遍佈世界萬物的「獨一

無二的生機媒介」。這就是所謂的「哲學之汞」，即一切金屬的原始形狀。一旦經過煉金術士的復原，「哲學之汞」就可發揮不同反響的轉變效果。「哲學之汞」通過溫熱發揮作用，可用來將元素復原(或「腐爛」)為它們最基本的狀態，然後將它們「再生」(或「生成」)為新的形狀。牛頓借用一個煉金術傳統的基本比喻說，這一精元的「運作方式」因其運行領域——不論在金屬上、人體中還是煉金術士的實驗室裏——而各有不同。「哲學之汞」能從「金屬精子」中生成金子，從人的精子中生成人。

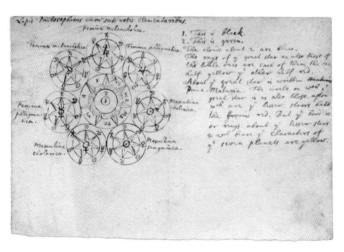

圖8　牛頓所畫的哲學家之石。這種物質可以幫助將賤金屬轉變為金子或者使人返老還童、獲得永生。

大約在17世紀70年代早期，牛頓寫了一篇非常出色的論文，詳盡討論了一些類似的主題。這篇論文以其首行文字——「關於大自然體現於生長中的明顯法則與進程」——而為人所知，是牛頓所有論文中最重要的少數幾篇之一。這篇文章討論了嬗變、凝固以及自然乃一位永遠「進行循環工作的工人」等許多主題，這些主題將在他不同領域的工作中再三出現。在像論文提綱那樣進行了標號的標題之下，牛頓寫道支配植物生長的那些法則同樣支配着金屬的發育。利用煉金術就可以將金屬之中的「潛在之靈」發動起來，從而使金屬開始生長。如同藝術一樣，大自然只能培育自然物的各種「原型」或形式，但並不能創造它們——創造乃上帝的傑作。

　　牛頓認為，雖然動物界與金屬界彼此有別，但它們之間也有好幾個「一致」的領域。正如我們所看到的，對牛頓而言，在實驗條件下培育金屬的情形類似於大自然從事自己工作的方式。的確，正因為金屬是活生生的東西，所以它們擁有影響動物的巨大能力——不論是裨益還是損害。這一點可從以下幾方面看出：春天具有復甦萬物的力量，空氣中金屬粒子數量及類型的變化會帶來「健康或多病的年月」，還有人們注意到覆蓋礦藏的土地常常是不毛之地。礦物可與動物的身體結合，成為動物身體的一部分。「如果礦物中沒有一種生長素的話，它們是無法做到這一點的。」

牛頓聲稱，與所謂的「庸俗」化學中的變化一樣，大自然的行動要麼是「生長性的」（或「繁殖性的」），要麼是純「機械性的」。有時候，物體結構的變化是由其組成粒子的「機械結合或分離」引起的；但更多的時候，結構的變化是「潛在生長物質」通過更高貴的方式達成的。大自然有其「微妙、秘密而高貴的運作方式」，遠遠勝過我們在普通化學中發現的運作方式，而煉金術士努力模仿的正是大自然的這種運作方式。大自然繁衍行為的基礎與「媒介」是位於物質核心的「種子或精子管」（其周圍有一層濕潤的覆蓋物）。牛頓將這些「種子」稱做大自然的「火」、「靈魂」與「生命」。它們只佔物質「很小的一部分，而且小得令人難以想像」。但如果沒有它們的激活作用，物質充其量只是一團「死土與淡水的混合物」。雖然由粗大物質組成的物體在極熱條件下經常都不會受到甚麼影響，但是其種子的「效力」卻會為超過其臨界值的一點點溫度升降所終止或破壞。種子發揮「效力」的核心在於生長：「成熟的」種子會作用於另一種物質不大成熟的部分，使其變得跟自身一樣成熟。在這份手稿的另一部分，牛頓將物質的這種微妙成份稱為「生長之靈」。萬物都擁有同樣的生長之靈，只不過在不同物體中，生長之靈的成熟程度或「被消化」的程度不同罷了。當成熟程度不同的生長之靈混合後，它們就會「開始發揮作用」，腐

化，「深度混合，不停運作，直至達到一種次消化狀態」。

這篇論文還討論了煉金術士該如何通過仿效自然，利用生長機制來產生一些非同尋常的現象。煉金術士要做到這一點，首先必須將物質還原為一種「腐爛的混沌狀態」，並且「所有腐爛的物質自身都可以生出一些東西」。雖然徹底的腐爛只會產生「一種黑色的、惡臭的腐敗之物」，但適度的腐爛卻能從物質中「分離」出一些東西，因而是生殖與獲取營養的必要條件。如同在大自然中一樣，腐爛的發生要在「溫」熱條件下在潮濕的物質中進行，而寒冷或過熱的溫度則可能阻止腐爛的發生。煉金術可以助長自然對任何東西的作用，由此得到的產物不見得就不如自然單獨產生的一樣「自然」。「難道身體不適的母親生下的孩子不算自然？難道在花園中栽種和澆灌的樹木不如野外獨自生長的自然？」人工技術可使百年橡樹進行繁殖，而將礦物「進行適當的安排，使其具有一定的濕度」，就能使礦物「腐爛變質」。

礦物宇宙

牛頓認為，金屬轉變為「稀薄而不穩定的煙氣」後，能夠滲透水(或其他液體)並「將其充滿」。在冷水中，這些煙氣會喪失其生長力，從而凍結為一種「穩定的」鹽的狀態。這時再要將它們復原成金屬，

那將是極其困難的事情。例如，海鹽就是由各種各樣的金屬煙氣凝結在一起而產生的一種混合物，而且其中的「鹽簇」還能夠結合形成長長的水晶管。煙氣或蒸氣的這種凝結趨勢可從雨水經過蒸餾分離為不同組成成份的過程中看到，也可從水容易與礦物質結合形成岩上生長物的趨勢中觀察到。

將各種煙氣的「不可見蒸氣」混合，就可產生最「親密」的凝結效果，從而得到「構造」更「鬆散而稀薄」的凝固物——比如「硝石」。牛頓將硝石稱為一種「活力」，認為這種元素是「火與血……以及一切植物的酵素」。在這些蒸氣稠化的過程中，能夠產生硝石的濕潤部分也會產生鹽，但由於冰冷的海水會抑制這些更稀薄的蒸氣，所以在海水中永遠找不到硝石。在更稀薄的亞硝狀態下，鹽也會發酵腐敗，但純鹽本身則是「死的」。不過，通過自然或人工的方式，可「用處於活性生長狀態的其他物質」來「促使」鹽的生長。鹹鹽可用來保存肉，這是通過鹽的粗粒子實現的。但在特定的條件下，鹽的「潛在素」會被引發，進而對其他元素產生「有力的」影響。處於這一狀態的硝石一般被認為是火藥的來源，是空氣最純部分的來源，也是最能肥沃土壤的礦物。牛頓提出，如果能讓鹽腐敗變質，鹽就會成為一種了不起的藥物。

牛頓回顧了他早期的理論，描述了一個大宇宙循

環體系。在這個體系中，地球向上呼出各種水汽和礦物煙氣。隨着空氣的上升，以太被迫不斷下降進入地球，「並在那裏逐漸濃縮，跟遇到的物體結合，促進這些物體的活動——因為以太是一種柔嫩的酵素」。由於以太富有黏性和彈性，所以以太在下降過程中會將更重的物體帶下去；而且由於以太要比空氣精純，所以以太向下帶動物體的速度要比空氣上升的速度快得多。這樣，地球就像一個巨大的動物或「了無生氣的植物」，每天吸進以太來恢復自己的活力。牛頓繼續寫道，地球上的元素是由以太和一種更活躍的靈混合而成的。這種靈是「大自然的普遍媒介，大自然的秘密之火，一切生長的酵素和要素」。這種靈是「一切物質的物質靈魂」，能夠為溫熱所激活，在本質上也許是由與光同質的東西構成的。這種靈與光都具有「不可思議的活性要素」，兩者都是「不斷工作的工人」。所有的東西在受熱後都會發出光。同陽光一樣，熱也是生長所不可或缺的，「沒有甚麼物質能像光那樣公平地、微妙地、迅速地滲透萬物，也沒有哪種靈能像這植物靈那樣微妙地、尖銳地、快速地侵入物體」。這是一種非凡而豐富的宇宙哲學，其目的恰恰在於揭示生命乃至整個宇宙的活性元素。牛頓後來還會不斷地以不同方式提到這些主題。

壓碎蝌蚪

　　牛頓的這種具有明顯煉金術色彩的宇宙哲學也以不同的形式出現在了他1675年末撰寫的《假說》中。雖然這部寫於1675年的作品在他有生之年並未印行出版，但其中所討論的所有重要主題，都在18世紀早期以「疑問」的形式重新出現在不同版本的《光學》中。牛頓從事的煉金術工作顯然旨在揭示普通物質中的活性元素，但他在《假說》中所描述的工作卻在一定程度上涉及了針對以太的實驗：用羅伯特・波義耳研究空氣的那種實驗式探究方法來研究以太。實際上，牛頓在1675年初在倫敦見到波義耳的時候，波義耳還就牛頓誘捕「普遍以太」的打算開過玩笑，這一點是很明顯的。在同一時間，牛頓也曾就反射與折射跟胡克有過長篇累牘的討論。牛頓認為，光的反射與折射是由光穿行其中的以太介質的邊緣所起的作用引起的。他重提自己十年前的建議，告訴胡克在真空泵中做一個實驗就可以證明這一點：在一個抽空了的氣泵中，光的反射與折射現象將不會發生改變，從而證明造成反射與折射的是以太，而不是空氣。

　　1675年12月初，牛頓寄給奧登伯格兩篇論文。一篇是早先提過的、與有色環有關的《觀測論文》。另一篇是一篇簡短的論文，牛頓謙虛地稱為「另一篇塗鴉小作」。從12月9日開始，這篇論文在皇家學會的每周例會上宣讀，當時題為《一個解釋我在幾篇論文中

談及的光的性質的假說》。牛頓原先從未打算發表這類文章，但他這時卻說(無疑是在影射胡克)：「我注意到一些大師們的頭腦非常在意假說，就好像我的論文〔缺少〕一個解釋它們的假說似的。」牛頓說他樂觀地希望這篇文章將會終止有關他論文的種種爭論。

這篇論文提出，地球上的多種現象都是由以太而非空氣引起的。以太比空氣更稀薄，更細微，更有「彈性」。正如空氣是由空氣的主體成份[與]各種「蒸氣或呼氣」組成的一樣，以太「部分是由以太富有黏性的主體成份，部分是由其他各種『以太精』」組成的混合物。以太能夠產生像電與磁等相差甚遠的現象，這足以證明以太的混合本質。牛頓推測，或許整個「大自然」都是由各種混合物構成的，而這些混合物就是由以太精或以太蒸氣經沉澱濃縮而成的。大自然中的各種形狀最初由上帝之手直接創造，以後則一直由自然本身的力量來控制。牛頓接着(借用他煉金術論文中的語言)寫道，大自然通過「增加、繁殖」的命令，使自己「成了一位徹底仿造那位原型為她創設的東西的模仿者」。

牛頓描述了一個簡單的實驗，明確顯示了電的本質，並再次援引了凝結的概念。在這個實驗中，先用力摩擦一塊圓形的、上面覆有黃銅的玻璃，不一會兒玻璃下的碎紙屑就會開始跳躍，「靈活地來回移動」。即使在摩擦停止之後，紙屑還會繼續「跳

躍」，朝各個方向奔騰跳躍，有的還會在玻璃的底面短暫停留。牛頓寫道，顯而易見，玻璃中的某種「微妙的物質」被稀釋並從玻璃中釋放出來，形成了一股以太風。後來，這種物質就會凝固並返回到玻璃中去，由此產生了電引力，將紙屑吸附到玻璃的底面。

十年之前，牛頓就曾對重力的起因有過粗略的思考。現在，《假說》讓他有機會公開自己對重力的可能起因的思考。重力可能是由某種非常精純的精元持續凝固引起的。這種精元是「黏性的、膠着的、有彈性的」，類似於空氣中維持生命的那部分成份。這種精元可能會在發酵或燃燒的物體中凝固，然後以重力射線的形式降入地球的空穴中，從而形成「一種嬌嫩的物質，這種物質有可能就是地球的營養液汁或者原始物質，從中會長出可生育之物」。然後，地球會向上釋放出一股呼氣流，這股呼氣流會一直上升到大氣的平流層，在那裏再次「稀釋為其最初的〔以太〕要素」。牛頓又一次使用煉金術文獻中的術語，說這樣自然就像一位「不斷進行循環工作的工人」，將液體轉變為固體，將精純的物質轉變為「粗大」的物質，實際上是將一切東西轉變為它們的對立面，然後又變回來。在一個更宏大的層面上，太陽也許在完全一樣的現象中扮演着一個核心角色，不斷吸收以太「來保證自身的照耀」，從而不讓行星逃離出去。

對牛頓而言，以太能夠解釋地球上的大多數現

象：是以太賦予發酵、腐爛、融化、反射和折射等活動以能量。更有猜測意味的是，牛頓認為以太也許還能解釋「那個令人費解的問題」，即人何以能夠移動自己的身體。人可以濃縮或擴展遍佈於肌肉之中的以太，肌肉也就隨之進行收縮和擴展。無疑，牛頓前一年春天與波義耳進行的關於誘捕以太的討論就是以這一理論為基礎的。在那次討論中，牛頓曾建議波義耳在真空泵中進一步進行肌肉實驗。雖然水是無法壓縮的，但波義耳之前還是設法對一隻蝌蚪進行了一定程度的擠壓，由此表明蝌蚪的「動物液」和毛孔中大概帶有的稀薄的以太能夠被壓縮(或擴展)。波義耳認為空氣具有「彈性」或彈力，牛頓還對這個概念進行了修改，假定在通常的情形下，物體裏面必須要有一定量的有彈力的或「有彈性的」以太，這樣物體才能「承受或平衡外部以太施加的壓力」。

在17世紀70年代末的某個時間，或者更可能是在17世紀80年代初的某個時候，牛頓寫了一篇非常出色的論文(《論流體的重力與平衡》，現在一般稱為《論重力》)。在這篇論文中，牛頓強烈批駁了笛卡兒的這一觀念：物體的運動只能參照周圍的物體來衡量。對我們來說，這篇文章的不同凡響之處在於牛頓認為空虛的空間實際上充滿着各種潛在的形狀，這些形狀能夠「容納」同樣大小的有形物體(但與笛卡兒所說的不同，這些形狀並不等同於有形物體)。一切空間都是上

帝的傑作，但並不等同於上帝。上帝能夠使某些空間不可滲透或以某種方式反射光線，從而創造出可感知的物體——「神聖意志的產物是在一定量的空間中實現的」。牛頓認為這一切僅僅通過神聖思想與意願的作用就可實現。這有點類似於我們隨意移動身體的方式。牛頓總結說，如果我們能知道自己是如何隨意移動身體的，「經過同樣的思考我們應該也能知道上帝是如何移動物體的」。雖然上帝與人相差懸殊，但人畢竟是按照上帝的形象創造的。我們將會看到，這一理論還會出現在牛頓18世紀的主要著作中，只不過規模更為宏大而已。

擠壓蝌蚪的實驗有助於揭示動物是如何控制自身肌肉的，因此也許還有助於人們理解精神與身體的關係。靈魂操控肌肉運動中流體的相對密度的方式微妙而複雜，不過牛頓還是勇敢地提出了幾個假設，其觀點的核心是這一理論：動物體液中含有以太式的「動物靈」，但這種「動物靈」並不會從大腦、神經和肌肉外層的毛孔逃逸出去。至於其中的原因，牛頓認為動物身體的某些部分的構造或多或少傾向於收容這種靈，因為有一種「秘密的法則」，能讓不同物質之間的以太具有「交際性」或「不交際性」。這一法則會讓動物靈待在身體的某些部分中，而不待在其他的部分。這一理論還可解釋太陽渦旋與行星渦旋保持分離狀態的原因。牛頓提出，就空氣粒子而言，我們可以

引入某種第三元素，使得原先「不交際」的物質變得彼此交際起來。那麼，難道靈魂就不能以同樣的方法與以太發生互動嗎？靈魂也可以引入一種不同的以太，使肌肉中的動物靈與它們的包裹層彼此交際或者停止交際。

站在胡克的肩上

牛頓在《假說》中稱光既不是以太本身，也不是以太的振動性運動，而是從透明體中流出的「某種東西」，但他沒明說這種東西究竟是甚麼。這一觀點與胡克在其《顯微術》中描述的理論直接對立。牛頓認為在最開始，某種「運動法則」讓光加速運行，從而脫離了透明體。不過，他還是不願說明這是由「機械」原因引起的，還是通過某種其他途徑——也許是某種類似於上帝植入動物體內的那種自動法則——而實現的。

牛頓接着說，光與以太能夠互相作用，以太會折射光，而光會作用於以太，進而產生熱。光也能使以太產生振動，讓振動從一個更大的物體中傾瀉而過，就像擊打一對鼓能使空氣產生振動一樣。振動空氣可以產生聲音，以此類比，人對各種顏色的體驗也可能是由視覺神經的毛細纖維中產生的振動引起的。最強的振動會產生最強烈的顏色。牛頓甚至提議，可以按照將聲音「定成」不同音調的方法來分析光。就是在

這篇論文中，牛頓(在一位朋友所畫線條的基礎上)再次使用了八度音的類比，首次公開提出可將光譜分為七種顏色。最後，牛頓試圖解釋同心環紋何以出現在薄膜中，還有衍射是如何出現的。衍射的問題在1675年春皇家學會的一次會議上引起了爭論。在那次會議上，胡克提出了衍射的話題，牛頓宣稱衍射只不過是一種折射，而胡克則斷言如果衍射是一種折射的話，那它肯定是一種非常新穎的折射。但在《假說》一文中，牛頓則指出他在閱讀中發現，早在胡克之前，格里馬爾迪(Grimaldi)就曾做過衍射實驗。

提交《假說》一周之後，牛頓給皇家學會去了一封信，在信中又描述了一些可以用玻璃與紙屑來做的有關電的實驗。這觸發了一股試圖重複這些實驗的熱潮；在此後四十年中，這些對電現象的即席觀測實驗都長盛不衰，由此可見牛頓影響的深遠和創意的新穎。不過，牛頓當時更為關注的是他與胡克愈演愈烈的關於光學現象的爭論。12月16日，在皇家學會宣讀《假說》第二部分的時候，胡克站起來說牛頓的大部分假說在他的《顯微術》中都可以找到，牛頓只不過「在某些具體方面」將其深化了而已。牛頓聽說此事後，立馬向這位格雷欣學院(Gresham College)*的教

---

* 一所獨特的高等學府。該院既不招收學生，也不授予學位。自從1567年根據托馬斯·格雷欣的遺囑成立以來，格雷欣學院就一直致力於為大眾提供免費的公開講座。

授連本帶息地回敬了兩大讚語——缺乏創意，涉嫌剽竊。牛頓稱胡克在《顯微術》中有關以太引起光學現象的解釋與笛卡兒「和其他人」著作中的解釋沒有甚麼兩樣；胡克從人家那裏「借用了」許多學說，只不過他將借來的理論應用於薄膜現象和有色體的研究，稍稍拓展了一下罷了。

牛頓繼續說，除了在以太振動這一大體概念上一致之外，他與胡克沒有多少共同之處。胡克假定光等同於振動的以太，而他並不這樣認為。他對折射和反射的解釋、對自然物何以產生各種顏色的解釋都和胡克的解釋相差甚遠。實際上，他的薄膜實驗「摧毀了胡克關於光與色的一切論述」。牛頓的這封信在12月30日舉行的皇家學會會議上宣讀了。毋庸置疑，胡克對牛頓和奧登伯格感到非常惱火。兩天後，胡克便成立了一個「哲學俱樂部」（其中包括雷恩（Christopher Wien）等他的支持者）。在這個俱樂部中，他再次指控牛頓，稱牛頓實際上從他的《顯微術》中拿走了大批的材料和理論。

1676年1月20日，皇家學會宣讀了牛頓的另一封來信。隨後，胡克匆忙給牛頓寫了一封和解信，在信中指責奧登伯格在他倆之間挑唆。胡克知道牛頓想聽甚麼，所以在信中辯稱他非常討厭通過印刷物來進行辯論和爭鬥，並鄭重說明他非常看重牛頓「卓越的專題論文」。胡克聲稱他很高興看到牛頓「支持並改進」

那些他很早就想到但由於缺乏時間而未能完成的想法。這一說法像信中的其他評論一樣，也是一把雙刃劍。不過，雖然胡克在信中還說了一些類似的評論，但他對牛頓的能力的確讚譽有加，說牛頓的能力遠勝於他。在信的結尾，胡克說他很願意和牛頓進行私人通信，如果可以的話，他願通過個人信件來提出他的一些異議。

正是在此背景下，牛頓寫了他那封著名的回信，在信中說如果他曾看得遠一些，那是因為他站在巨人肩上的緣故。他告訴胡克，私人通信更像磋商，他非常歡迎，因為「在眾目睽睽下所做的事情除了探詢真理之外，很少有不帶別的考慮的」。牛頓拋開他致奧登伯格的信函中強調的重點，轉而稱讚胡克的工作超越了笛卡兒，說胡克可能做過一些他本人尚未做過的實驗。信的最後一句話可以有兩種解讀。他們兩人交流中所用的許多措辭都有這個特點。如果說牛頓和胡克此後多少有了一些和解的話，這種和解也僅僅持續了四年的時間。

與胡克的這個尷尬事件結束後幾個月，牛頓寫信給奧登伯格，談論波義耳新近匿名發表的一封關於「煉金術之汞」的信。該信說將汞與金混合在一起，汞就能加熱並溶化金。牛頓懷疑這種汞有可能通過「粗大」的金屬粒子對金子產生了作用，因而在醫學操作或煉金術操作中可能毫無用處。牛頓還說，波義

耳不再就該主題發表文章，實乃明智之舉。的確，
「如果煉金術士的著作中真有甚麼真理的話，如果我
們想避免對世界產生大的損害的話，不進行傳達」也
許「能將人們領向某種更高貴的東西」。波義耳應該
採納「一位真正的煉金術哲學家」的忠告，因為一位
真正的煉金術哲學家的判斷要比任何人的都珍貴——
「(如果那些大騙子所言不虛的話，)除了他們聲稱只
有他們才掌握的金屬嬗變之外，還有其他的東西」。
後來，牛頓還批評波義耳過於公開，「沽名釣譽」。
這一評論無疑在一定程度上與上述事件有關。

煉金術式的天體演化學

1679年2月，牛頓給波義耳去信，談及他倆早些時
候關於「物理性質」概念的討論。那次討論很可能就
是在他1675年春前去拜訪波義耳時進行的。這封信無
疑取材於他的煉金術研究，雖然也涉及他在1675年的
《假說》中表達過的更傳統的哲學觀點(而且在許多地
方都是對這些觀點的總結)。牛頓告訴波義耳整個大氣
中都彌漫着一種有彈性的以太，並重複他在《假說》
中的評論，說這種以太可以解釋許多普遍的現象。他
再次援引自己的「交際性」理論來解釋為甚麼有的金
屬需要經過一種「合適媒介」的處理，才能與水或其
他金屬進行混合。信的其他部分則來自他的煉金術研
究。牛頓告訴波義耳，想想地球的內部如何通過持續

發酵產生了空氣物質，那麼認為大氣中最持久的部分是金屬的想法也就不那麼荒唐了。最恆久的那部分大氣是「真正的空氣」，因為包含較重的金屬粒子，所以它剛好處於地面之上、更輕的蒸氣之下。不過，它並不是空氣中能夠賜予生命的那部分，「如果沒有飄浮其中的那部分更柔嫩的蒸發物和精氣，它就不能給生物提供任何養份」。在信的最後一段，牛頓援引他的以太理論，洋洋灑灑地對重力進行了解釋。

在其職業生涯的大部分時間，牛頓都執著於他的以太假說和煉金術活動，只不過大都是在私下進行的。在17世紀70年代末和17世紀80年代初，牛頓孜孜不倦地進行了一系列煉金術實驗。1687年春，他一完成《原理》的編撰工作，就立馬又投入到煉金術研究上來。他在這方面的工作大都是組織和評估不同的文獻，不過在17世紀90年代早期，牛頓又突如其來地進行了一系列密集的實驗活動，其時他的朋友德·杜伊連爾（Fatio de Duillier）擔任他和倫敦一些煉金術士之間的聯繫人。17世紀90年代後期，牛頓移居倫敦，之後他活躍的實驗活動似乎逐漸消失了，但他依然致力於研究煉金術傳統中的一些核心主題，而且依然堅持煉金術的基本見解——大自然中充斥着一種微妙而強大的活動。

偶爾，牛頓也會將他的煉金術活動向別人透露一點兒。1680年末，牛頓正在進行一系列長時間的煉

金術實驗，這時劍橋大學基督學院的伯內特（Thomas Burnet）前去拜會牛頓這位劍橋最出色的自然哲學家，向牛頓請教上帝有可能是怎樣通過自然途徑創造地球的。伯內特1681年出版了《關於地球的神聖理論》。到17世紀90年代，此書開始流行起來，成為第一本流行開來的物理神學類著作，不過那時該書的基礎已改為牛頓《數學原理》中的哲學了。

牛頓告訴伯內特，山嶽與海洋的創造最初可能是由太陽的熱量引起的，或者是由地球渦旋與月球渦旋壓迫原始水域而導致的。地球會朝赤道方向蜷縮，使赤道地區「更加凹陷」，從而使海洋的水聚集到那裏。此外，創始的頭幾天持續的時間應該要比現代時期長得多，這樣才能給予創始的進程以足夠的時間，使其變得接近世界今天的樣子。為了理解原始的混沌狀態是如何分化為山嶽與空穴的，牛頓又轉向他那篇關於「金屬的生長」的論文中所作的分析。在那篇論文中，牛頓指出固體常常是在溶解中生成的。例如，硝酸鈉會溶解於水，進而結晶為長長的鹽條。除此之外，地上混沌的其他部分在太陽的熱量下會乾涸收縮，從而形成一些隧道，讓水下降到地下，也讓像間歇泉和礦井中的「煙氣」那樣的「地下蒸氣」從地下深處升出來。

在一篇關於《聖經》詮釋的重要文章中，牛頓也批評了伯內特關於應該如何理解摩西的創世描述的論

述。摩西說上帝在第四天創造了兩個光體（即太陽和月球）和星星，但我們不應認為這一描述暗示這些天體實際上就是在那一天被創造的，而且摩西描述的也不是這些天體的物理實在，「它們中有一些要比這個地球大得多，而且也許是可居住的世界，說它們是光體僅僅因為它們是這個地球的光源而已」。摩西說光是第一天被創造的，牛頓對此也採用了類似的詮釋辦法。雖然摩西為了適應無知大眾的感知能力而「調整了」自己的語言，但並不能因此就說他的描述是假的。牛頓說摩西關於創始的敘述不是「哲學上的或偽造的」，而是真真確確的──「摩西的任務並非是糾正哲學事務中的世俗觀念」，而是「盡可能優雅地提出一種適應世俗之人的感覺與能力的創世描述」。

除了在致伯內特的信中有所暗示外，牛頓還在1693年初致本特利（Richard Bentley）的一封信中指出，其他世界的存在並不是不合情理的。牛頓的「哲學問題」筆記本也顯示，早在學生時代，牛頓已經有了大火災之後會出現「一系列連續世界」的極端想法。在1694年，牛頓告訴戴維·格雷戈里（David Gregory），彗星具有一種神聖的功能，而木星的衛星是造世主留下以備新的創世之用的。

在生命快走到終點的時候，牛頓跟孔杜伊特有過一次非常特別的談話。牛頓告訴孔杜伊特，太陽發出的光與其他物質曾經結合形成一顆衛星，這顆衛星通

過吸收其他物質進一步形成了一顆行星。最後，這顆行星成了一顆彗星，而這顆彗星為了獲得補給，到時將會重新落入太陽。他還說這顆彗星有可能就是1680年出現的那顆大彗星。這顆大彗星在不算太久的將來會撞入太陽。一旦發生此事，這顆彗星將會急劇增加太陽的熱量，甚至會將「這個地球燒焦，地球上將沒有動物能夠存活」。這似乎能夠解釋1572年和1604年出現的超行星現象。這一切可能將在接受上帝指導的更高級的「智能存在」的監督下進行。牛頓繼續說人類在這個星球上的存在是有限的，並暗示神聖力量可能會向這個星球「重新賦予人類」。聽了這話之後，孔杜伊特指着《原理》中牛頓提到彗星補給恆星的一段話，問牛頓為甚麼沒有明確說明這對我們的太陽系有着怎樣的含義。顯而易見，世界末日的話題在那時顯得很有趣，所以牛頓以少有的詼諧語調說，那個話題「與我們關係更大，並笑着補充說他已經說得夠多了，人們應該能夠知道他的意思」。

第六章
少數蒙選者之一

　　牛頓進入三一學院的時候，學院體制異常重視對神父著作的學習，當然還有對《聖經》的研習。大概是在17世紀70年代早期的某個時間，牛頓成了一個激進的反三位一體教義者。他認為傳統的聖三位一體教義是一種莫名其妙、惡魔一般的腐敗產物，是基督後第四個世紀中由那些曲解經文者引入的。牛頓逐漸相信，正統基督教派的創建者亞大納西（Athanasius）與許多僧侶、教士以及東西羅馬帝國的皇帝們一道，將一些新詞引進了基督教，從而敗壞了基督教的教義；這些人還將捏造的經文插入《聖經》和教會教父的著作，將他們那些墮落的支持者塞滿教會理事會。在牛頓看來，他們計劃的核心就是這一駭人聽聞的觀點：基督在身體上也等同於上帝。牛頓相信上帝選擇了自己來發現基督教衰落的真相，並且堅信這項工作是他將從事的最最重要的工作。

　　1674年末，牛頓需要得到不領聖命的特許，這表明那時他已牢固確立了異教思想。雖然像其他本科生一樣，牛頓在「了解你的敵人」的原則之下，得以閱

讀當時反三位一體教義的著作，了解其中類似的觀點。不過，若說有人鼓勵牛頓接受這些信條，那幾乎是不可能的。不過，正統基督徒視反三位一體教義的觀點為可怕的異端思想，法令匯編中對那些貶低基督本性的人也有嚴厲的懲罰規定。終其一生，牛頓一直都在掩蓋自己的宗教思想，只向兩三個知名的支持者透露過。

牛頓早期的許多筆記都流露出一些反天主教的痕跡，而這對當時的劍橋學生來說是理所當然的。反對天主教教義是可以接受的，但牛頓視基督低上帝一等的思想卻是不可接受的。在早期，牛頓逐漸相信經文中的大量證據表明，基督並不等同於聖父，而要低聖父一等。那些支持三位一體的經文要麼是插入《聖經》中的腐敗言辭，要麼是對經文「牽強附會」的誤讀。在《聖經》的很多地方，基督——被創造的聖言或道——承認自己是低上帝一等的存在。如果基督擁有神的力量——牛頓認為基督的確擁有這些力量，那也是上帝授意的結果。上帝允許他的兒子自我貶抑，犧牲在十字架上。正是這一點使得基督值得受人崇拜，而不是作為上帝而受到崇拜。道在聖女之腹中變成肉身，基督遂成為聖子。在十字架上殉道的正是這一神聖存在，而非一個人的靈魂與神聖之道的混合體。最後，基督的復活也是借由上帝的旨意而實現的。

巴比倫淫婦只有一個

對牛頓而言，三位一體教義不僅難以理解，而且根本就是假的。正統基督教用晦澀難懂的形而上的論據維護三位一體教義，通過武力直接或者用異教習俗將其淡化後強加於異教徒。牛頓非常重視基督教基本教義的簡明性，強調只需相信有關基督的很少的幾個信條，就可獲得得救的信心。這幾個信條就是保羅所說的給嬰兒的奶，包括：耶穌是《舊約》預言的彌賽亞；耶穌是上帝之子，在聖父面前降尊犧牲在十字架上，然後又為上帝所復活；耶穌終有一天將再臨，屆時會審判「活人和復活的死人」。不過，《聖經》中也有更深的真理或「給成人的肉」，以供那些經過洗禮、被納入教會的「成年人」獲知。這些知識需要經過長期的研習才能獲得，但並不是基督教信仰所必需的，而且基督徒們不應參與關於這些知識的爭執，以免導致教派分裂。

研習經文最重要的對象是預言，尤其是《新約》最後一本書《啟示錄》中的預言。在理解《啟示錄》所需的主要方法上，牛頓與17世紀那些最主要的新教《聖經》註釋學者意見一致。像那些註釋家一樣，牛頓相信《啟示錄》中的那些比喻指的是4世紀末開始的善惡之間的一場大戰。其中的關鍵象徵和描述指的是真正的教會受到迫害的具體時期和真理的敵人橫行無忌或者被正義之士征服的具體時期。的確，一些解

讀方法——比如牛頓在劍橋的先驅梅德(Joseph Medel)所做的工作——非常通行，以致牛頓認為自己所做的不過是在解經先驅們的根本「發現」上添磚加瓦。顯然，牛頓至少與一個同代人(莫爾)討論過一些解讀預言的技術性問題，但並沒有透露這些問題對基督教的歷史有甚麼意義。這完全符合他一貫的謹慎做法。

幾乎可以肯定的是，在1675到1685年間，牛頓寫了一部闡釋《啟示錄》的洋洋大作，提供了「諸多證據」來證明自己的見解，就像他在《原理》中用許多證據來證明自己的觀點一樣。一開始，牛頓就宣稱自己「通過神恩」獲得了理解預言式著作的知識，現在則到了透露他的證據的時候了。他有責任、有義務傳授這些證據的含義，以啟迪教會。這裏的教會並不包括所有的基督徒，而只涉及

> 一部分殘存者，即上帝揀選的少數人。他們散居在各地，不盲從自己的喜好、所受的教育或人世的權威，能夠真心誠意地尋求真理。

現在，研究經文是「這一至偉時刻的責任」。基督徒如果不能正確地辨別基督復臨的徵象，他們必將受到責難，這責難與當初猶太人因未能認識到耶穌就是他們的彌賽亞而受到的責難一樣嚴厲。只有心靈純潔的人才能明辨基督復臨的徵象，但做好此準備的人

為數不多。牛頓稱，真正的忠信者也會貌似卑劣，並會因此而被識別出來，而「世人的譴責」則是真正教會的特徵。

要對《聖經》進行解讀，關鍵是要按照一系列規則將其中的預言「條理化」。這許多規則已成了新教經文註釋學的權威基礎。例如，除非有特殊原因，給經文中的某一特定地名一般只應賦予一個意思。最初，這唯一的意思可能只是「字面」意思，但偶爾也可以允許一種「神秘」含義。要解讀「神秘」含義，必須遵循古代解釋者所遵循的解讀預言式的「比喻語言」的傳統。如果在缺乏這樣一個基礎的情況下對一段話進行神秘意義上的解讀，只能導致錯覺。正是這種對經文的肆意解釋導致了牛頓所能想到的各種異端邪說。解釋必須「自然」，必須將經文還原為最為「簡明」的狀態。最重要的是，預言式的異象和形象必須能夠根據這些規則彼此協調一致，然後才可與歷史事件相聯繫。《啟示錄》理解起來雖然比較困難，但經過正確的譯解，就會對真正的教會產生舉足輕重的意義。真正的宗教並不能像歐幾里得幾何那樣為確鑿的證據所證實，而且只能使少數一些人信服，但事情就應該這樣。牛頓總結說，真正的宗教「能獲得那些蒙選者的認同」，而這就足夠了。

根據自己的計劃，牛頓利用好幾種不同資料列出了一個關於預言的「定義」清單。在預言「文體」

中，太陽指一位國王，月球指國王手下之第一人，而星星則指王國中的偉人們。地球指地上的列國或者一國的普通大眾，而海洋也指列國或一個民族。地球與海洋在一起時則指兩個不同的民族。有時候，一個詞會指一個以上的事物，所以一座山根據上下文可以指一座城市，也可以指一座廟宇。

列出這些定義之後，牛頓進而展示了不同的異象是怎樣彼此相連的。《啟示錄》中的一些象徵是「連續的」，即它們指的是或前或後發生的事件；其他的象徵則需被視為「同步的」，即它們指的是同一時期的不同方面。不過，如前所述，要先將這些象徵之間的聯繫展示出來，然後才可以把它們與具體事件聯繫起來。牛頓總結說，幾乎所有的解釋者都認為《啟示錄》中在預言開始的時候，展示給約翰看的七印指的是連續的時間。頭六個印指的是大叛教發生之前的一段時期。例如，在第五個印裏，有一位臨盆的女人和一隻等着吞噬嬰兒的紅色大戾龍(撒旦)。這些描述刻畫了真正的教會(那位女人)未來的命運以及她的後代(那位「男孩」)將會面臨的巨大危險。

第七個印揭開不久，就從大地出來一隻獸。《啟示錄》中說這獸有兩隻角，可是說話像條龍。這獸迫使所有的人在他們的額頭上打下一個代表獸的數字(666)的名號。《啟示錄》中將那些敬神者描述為十四萬四千位蒙選者，他們得到了上帝的印記，被一位天

使密封起來。在另一個幻象中，羔羊(基督)站在錫安山上，身邊是那些蒙選者，他們額上都有上帝的名字。那條戾龍從口裏噴出一股洪水(牛頓推測，這股洪水指的是腐敗墮落的群眾，因為經文中經常用海來表示這類人)，那位受到迫害的女人(真正的教會)則試圖逃到荒野，並在此過程中得到了「大地」(也就是那些敬神之人)的幫助。經過一小段時間後，大多數釋經者都會轉向用「吹奏七個號角」的象徵來解釋不久之後發生的事情。號聲之後，從海裏上來一只十角獸(一種比大戾龍更為可怕的新家伙)，興起了一種顯赫的十角獸宗教。接着，兩角獸藉助假奇跡，誘使大眾崇拜十角獸，由此在地球上建立了一種新的宗教。大多數新教教徒認為這裏指的顯然是羅馬天主教的興起。

後來，七碗上帝的震怒被傾倒在盲目拜獸的信徒身上。大多數新教釋經者都認為這一描寫象徵着後來的新教改革運動。但是牛頓卻讓每一個「相應」的碗與每一個號角「同步」，接着又將這些與那七聲響雷的象徵協調一致。牛頓認為，之所以要加上那七聲響雷，為的是讓七碗、七號角與七雷聲之間的「間隔」得以描繪與代表獸的數字的名號一樣的秘密(666)。這樣，每個在數字次序上對應的碗和號角實際上描述的是同一個時期的兩個不同方面，彼此豐富了對方描畫的景象。在這裏，牛頓並沒有將碗專門留出來當做對新教所受磨難的具體描述，這說明牛頓明確暗示，宗

教改革運動幾乎沒有對那個獸性帝國的權力膨脹產生一丁點抑制作用。

第五個號角吹響之時，那獸的力量急劇加強，並向那位女人後裔中的「剩餘者」開戰。大多數新教註釋家——牛頓也不例外——都認為，這裏所預言的時刻實際上宣告了一段漫長時期的開始。《啟示錄》中那些再鮮活不過的形象就是用來描述這一時期的。這就是罪人或反對基督者統治的時期。《啟示錄》將反對基督者描述為假先知或兩角獸，而假先知或兩角獸後來便蛻變為巴比倫的淫婦。牛頓這樣解釋兩角獸：「兩角獸是一個信奉異教的基督教會國家；以此而言，兩角獸就是一個十足的淫婦。我們沒有理由認為《啟示錄》中所說的淫婦不止一個。」這段時期直到第六個印的末尾才結束，(在《啟示錄》中)持續了1260天。在此期間，那位身處荒野的女人為獸所逼，不得不一直待在荒野。那獸與聖徒和烈士作戰，大肆殺戮聖徒和烈士，而世間的國王們卻與那個淫婦通姦，並對她頂禮膜拜。

按照牛頓的理解，第六個號角(對他而言還有第六個碗)指的是離道叛教活動達到頂峰的大災難之時。那時福音已傳遍每一個國家，那些幸存下來的敬神者對上帝感恩戴德。最後一個號角和最後一個碗描述道，許多人手拿棕樹枝從不同的國家趕來，上帝的羔羊給他們吃的，將他們送到生命的水源那裏，而上帝則為

圖9 巴比倫的淫婦。阿爾布雷希特·丟勒（Albrecht Durer）繪於1498年。

他們擦去眼中的淚水。羔羊與他未來的妻子團圓了；在傳統上，這一象徵被理解為基督、聖徒與烈士重聚在一起。

視預言為歷史

牛頓和同時代的那些激進的新教徒沉迷於解讀這些以及其他的預言象徵。對他們而言，這些象徵本身就具有意義。不過，要充分闡明這些象徵的意義，仍需將其「應用」於歷史事件。在列出自己的預言定義之後，牛頓接着分析了教會的歷史。在分析中他交替採用「命題」或「假定」的形式，讓人感覺好像一篇數學論文似的。例如，牛頓認為第五個印指的是公元4世紀初戴克里先皇帝(Emperor Diocletian)對基督徒的迫害與殺戮。君士坦丁大帝的出現帶來了下一個印，即基督教成為羅馬國教的那段時期。基督教之所以會成為國教，(牛頓認為)是憑藉淡化自身的教義以迎合異教徒而做到的。337年，君士坦丁去世，羅馬帝國分裂為東羅馬與西羅馬，而(在牛頓看來)西羅馬的出現對應的就是那隻十角獸從海中上來。

君士坦丁的兩個兒子分別成了東、西羅馬的首領，但他們的宗教觀念並不一致。兄長君士坦斯(Constans)傾向於認同三位一體教義或者牛頓所說的「本體同類論」*。君士坦斯的弟弟(君士坦提烏斯二

---

* 認為聖子耶穌與聖父上帝分具互相類似的兩個本體，既反對聖子與聖

世，Constantius II)則支持阿里烏斯派(Arius)主張。阿里烏斯派主張得名於堅信基督的地位要低上帝一等的阿里烏斯牧師。牛頓寫道，到364年，獸的宗教受到了公開的崇拜，其形式便是崇拜偶像，例如崇拜「死人的骨頭和殉教者的其他遺物」。偶像崇拜與鬼魂崇拜一道，很快就通行天下，「就像自古以來就是這般一樣」。現在，魔鬼在地上肆無忌憚地耍弄牛頓所説的「他狡猾的伎倆」，用虛假的、惡魔的奇跡引誘無知的大眾。按照牛頓對事件的理解，這一預言體現的就是信奉三位一體教義的羅馬天主教獲得了勝利，而敬神的阿里烏斯派信徒則受到了迫害。

380年，亞大納西的三位一體論成了全羅馬的官方宗教，大叛教由此大功告成。第七印的啟封描述的就是這一事件。在牛頓看來，那些行將侵佔有形教會、迫害敬神者的叛教者必是基督徒無疑——只不過是那種「異教的」、墮落的基督徒。牛頓認為，有人可能會狡辯説叛教者只是在外表上信仰基督教，但一個基督徒「能比其他任何類型的人更惡毒」。395年的那第一個號角的號聲既與那股可怕東風的象徵同時，也與第一個碗的象徵同步。它講述的是「一種惡毒而劇痛的瘡」長在「那些帶有獸印且崇拜獸像的人身上」。天主教會早期的一些作家無意之中給牛頓提供第一手的證據，表明那一時期的神職人員有多麼墮落。神職

父本體統一，也反對聖子與聖父本體互異。

人員的腐敗墮落使得上帝安排羅馬帝國東部遊牧民族哥德人起而攻擊他們。天主教徒血腥地迫害那些想要脫離天主教主教會的基督徒群體——牛頓認為這是再可悲不過的，但哥德人卻通過一系列野蠻的事件轉而攻擊羅馬本身，最終於410年洗劫了羅馬。第二個號角與第二個碗所描述的就是這個事件。

牛頓接着聲稱，第三個號角與第三個碗跟那股南風恰好暗合，描述的是非洲天主教徒在汪達爾人手中遭受殺戮的事件。汪達爾人要比哥德人兇殘多了。不管怎麼說，哥德人雖然偶爾會有殘暴的行徑，但他們管理羅馬的方式還算虔誠正直。牛頓從維克托（Victor）的《汪達爾人迫害錄》中得知了汪達爾人施加給好迫害他人的非洲天主教徒的可怕暴行。牛頓指出汪達爾人嗜殺成性，史無前例。誰不追隨他們的迷信做法，他們就謀害誰，就着手實施「那些血腥的迫害，而且這些迫害一直在歐洲實行，直到今天還在天主教會中持續存在」。牛頓懷着非常激動的心情一次又一次地寫道，汪達爾人連本帶息地回敬了天主教徒。汪達爾人的首領根澤里克（Genseric）用燒紅的鐵板折磨修女，使許多修女變成了殘廢，牛頓也同意這是「非常殘酷的」。不過，天主教徒是不貞潔的，成千上萬的天主教徒遭受苦難是神聖正義的體現。牛頓認為其中的關鍵在於，汪達爾人迫害天主教徒是因為天主教徒道德敗壞，而不是因為他們信仰的宗教。

對偶像與聖母馬利亞的崇拜「始於」第四個號角與第四個碗的末期。那時上帝讓非洲的天主教會短暫恢復，好讓教會裏那些傲慢而頑固的神職人員一次又一次地遭受汪達爾人的迫害。從第五個號角與第五個碗開始，「事情」出現了「新的一幕」。《啟示錄》這樣描述道：煙從一個坑中冒出，從煙裏湧出一大群蝗蟲——它們在預言式的語言中指軍隊，這些蝗蟲不得傷害各種生物，只可傷害那些額頭上沒有上帝的印記的人。

在第六個號角與第六個碗期間，一位天使放開了幼發拉底大河所困的四個天使，準備讓騎着獅頭戰馬、穿着鮮豔盔甲的騎士殺死「人類的三分之一」。那些照常崇拜鬼魂和由金、銀、銅、石、木造的「看不見、聽不見、走不動」的偶像的人們受到了譴責，那些犯了兇殺、姦淫和偷竊等罪行卻仍不悔改的人們也受到了譴責。

第六個碗描述的是幼發拉底大河乾涸枯竭，從龍口、獸口和假先知的口中出來三個邪靈，狀如青蛙。它們是邪魔之靈，會行奇跡。它們讓諸王與異教徒為哈米吉多頓（Armageddon）大戰做好準備。

牛頓對教會歷史的這個分析可謂新穎獨到，驚世駭俗。在17世紀七八十年代，這一分析曾佔據了牛頓的大部分心思。牛頓使用的分析技巧與同代那些激進的新教徒所採用的差不多，但是他的結果卻徹底顛覆了各派正統基督徒所堅信的歷史上的英雄與惡棍。實

際上，就在牛頓編撰他的《原理》的時候，他同時在撰寫一篇具體而詳盡的評論，剖析天主教徒是如何滿足第六個號角與第六個碗所描述的條件的。在此評論中，牛頓將天主教徒稱為「巫師」和「術士」。鑑於最後一個號角和最後一個碗之前的許多事件尚未發生，牛頓在此也表現出了他從事哲學工作的謹慎態度，說他不願冒險去揣測未來之事的具體性質和發生時間。相反，他認為自己的工作是對預言在歷史中的應驗進行觀察，並在事實的基礎上進行分析。在18世紀早期，牛頓將未來大事的發生時間進一步推後，認為在基督再臨之前，還將有一段很長的腐敗時期。

第七章
神聖之書

　　1679年6月初，牛頓的母親死於一種熱病。這病顯然是她在照顧牛頓的同母異父弟弟本傑明時染上的。牛頓返鄉照料生病的母親並處理莊園事務，前後花去了大約六個月的時間。但不要忘了，在此期間，他每天還會花好多個小時來思考神學問題。11月底，牛頓從伍爾索普回到劍橋。回來後的第二天，他就回覆了羅伯特·胡克的一封信。那時候，皇家學會的例會上早已不見了科學創新的樂趣。作為學會的秘書，胡克懇求牛頓將他可能想到的任何「哲學」問題與學會進行交流。胡克還問牛頓如何看待他的這一理論：利用一條慣性路線和一種將一個物體吸向另一物體中心的力來研究行星的運動。這次請教對牛頓發展自己的軌道力學具有非常重大的意義。

　　在回信中，牛頓找了個借口，說「我由於忙於其他事務」，多年來已很少考慮哲學了。不過，他還是提了一個關於地球日常自轉的「怪念頭」：當一個物體從空中落到地球上時，地球的日常自轉並不會讓物體落到正下方的那一點之後（「這與一般人的觀念相

左」)，而會讓物體落在它原來位置的前面(即東側)。
這是因為物體在落下之前所處的高度上由西向東運轉
的速度要大於它在離地球較近的位置上的速度。如果
將一個物體從一個高塔上扔下，也許就能證明地球每
日都在自轉。在假設地球沒有阻力的情況下，牛頓還
畫了一個示意圖，具體描述了物體落向地球中心的螺
旋路線。

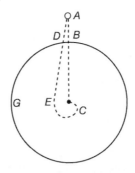

圖10　牛頓提出的物體從地球表面正上方落下時途經的路線。在這裏，隨
着地球圍繞着C逆時針旋轉(即BDG)，牛頓假設物體的路線會一直進入地
球的表面之內。

　　胡克回應說，根據他假定的慣性運動以及向心引
力，牛頓描述的那樣一個物體下落時會劃出一個橢圓
的形狀，而不是一個螺旋。除非遇到阻力，不然這個
物體會沿着曲線AFG永遠運動下去，落到地球中心附
近。胡克的這一評論很有見地，在他早期出版的一部
作品中也宣揚過。一些歷史學家據此覺得胡克在這方
面應該得到比牛頓多得多的榮譽，後來的一些評論家

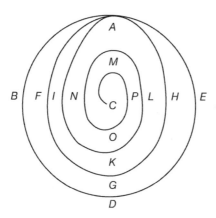

圖11 胡克反過來說，除非遇到阻力，否則牛頓所描述的那樣一個物體會沿橢圓AFGHA旋轉。在有阻力的情況下，物體則會落到地球中心附近。

也承認軌道力學的基本原理是由胡克提出的。但不管怎樣，這些都永遠無法改變一個事實：胡克始終未能證明如何從自己的物理原則中推出繞軌運行物體的橢圓運動。像以往一樣，牛頓無法接受別人對自己的糾正。他回信指出，再次假設沒有阻力，物體也不會以橢圓路線下落，而會「在其離心力與重力交替壓倒彼此的過程中進行或升或降的循環運動」。牛頓的回答表明，他此時距離七年後將在《原理》中採用的天體運動分析方法仍然非常遙遠。不過，牛頓也暗示了一種複雜得多的方法：通過連續不斷的、無限小的重力元素來解決這個問題。不僅如此，牛頓還暗示他能夠處理一種並非維持不變而是從中心向外不斷變化的重力。

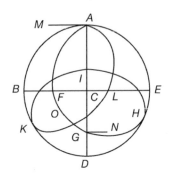

圖12 牛頓回信中的示意圖。在圖中，重力和「離心力」交替壓倒對方。

　　胡克再次回信，這次透露說他原來就假定物體的重力總是與其到引力中心的距離的平方成反比。胡克說，現在的問題是：如果一個物體被吸向某一特定物體的中心，且其所受引力與它們之間距離的平方成反比，那麼這個物體的運行會劃出怎樣的路線呢？在這裏，胡克向牛頓提供了研究直線運動慣性與向心引力之間的新動態關係的關鍵線索。接着，胡克向牛頓提出了一個相關的問題(胡克與雷恩在倫敦討論這個問題已經好幾年了)：由開普勒第一定律可知天體的運行軌道是橢圓，那麼如何將平方反比定律與天體的運行軌道聯繫起來呢？胡克告訴牛頓，他毫不懷疑「您輕易就會算出這個曲線到底是甚麼，它有甚麼特性，並提出這個比例的物理原因」。雖然牛頓後來指責胡克無能，不願繼續與他通信，但牛頓後來還是向哈雷(Edmond Halley)承認，他與胡克的這次交流引發了他對天體力學的重新思考。的

確，大約就是在這個時候，牛頓邁出了重大的一步：用開普勒第二定律來證明一個沿着橢圓軌道運行的物體遵循引力平方反比定律。

牛頓還與首任皇家天文學家弗拉姆斯蒂德進行了一系列通信。這些通信對牛頓發展自己對天體運動的思考具有同樣重大的意義。1680年11月初，天文學家們觀察到了一顆燦爛的、讓許多人感到恐懼的彗星（即所謂的大彗星），而且在隨後的12月，夜空中又出現了一顆彗星。那時的人們還不大了解彗星的狀況和運行軌道，其中部分原因在於彗星的出現頻率非常之低。笛卡兒曾稱彗星是耗盡了的恆星，而大部分天文學家認為彗星沿着直線運行。不過，弗拉姆斯蒂德於12月15日告訴牛頓，他曾經預測11月出現的那顆彗星將會再次出現，所以他提前幾天就開始尋找這顆彗星，而且終於再次發現了它。不久，弗拉姆斯蒂德告訴埃德蒙·哈雷，他認為那顆彗星是一顆毀滅的行星，被太陽吸進了自己的渦旋。他說那顆彗星被吸到太陽前面的時候在太陽北極引力的作用下偏離了自己原來向南的路徑，但同時太陽渦旋的旋轉也使得這顆彗星側向運動（從圖13的e點到g點）。太陽繼續將彗星吸向自己的中心，但同時逆時針旋轉的太陽渦旋則不斷地改變彗星的路徑。當彗星離太陽最近的時候（在C點），太陽渦旋已將彗星的反「面」對向太陽，這樣太陽的引力就變成了斥力。他說彗星的尾巴是大氣中的潮濕部

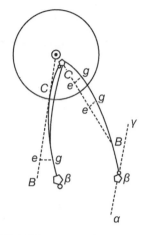

圖13　弗拉姆斯蒂德提出的1680至1681年冬的那顆彗星的運行軌跡。它從右下方的β點開始，在太陽前面的C點遭到排斥。

分為太陽加熱所引起的。

　　牛頓也對這顆彗星着迷不已。牛頓從1680年12月12日開始觀察彗星，一直持續到1681年3月初彗星消失。隨着彗星逐漸消失，他還使用功能更強大的望遠鏡進行追蹤觀察。牛頓無法接受這兩顆彗星本是同一顆的觀點，並於2月末對弗拉姆斯蒂德的觀點提出了一些尖銳的批評。他說雖然他可以想像太陽會持續不停地吸引彗星，使彗星偏離自己原來的路線，但是太陽對彗星的吸引永遠都不會使彗星徑直朝太陽方向運行。而且，太陽渦旋只會將彗星推離太陽。就算一顆彗星曾經轉到太陽的正前方，它返回的路線也不會是天文學家所觀察到的那個樣子。此外，假設11月的那

顆彗星與12月的那顆是同一顆，那麼就會出現這樣一個問題：這顆彗星從首次消失到再次現身之間何以會有那麼長的一段時間？

牛頓提出，解決這些問題的唯一方法，就是設想這顆彗星轉到太陽的另一面去了，但其背後的物理機理又不明確。牛頓承認太陽會發出一種向心引力，使行星沿曲線運行，而如果沒有這種引力，行星是會採取直線運動的。不過，太陽的這種引力不會是磁力，因為磁石(天然磁體)在高溫下會失去磁力。更重要的是，就算太陽的吸引力像一塊磁鐵，且彗星像一鐵塊，弗拉姆斯蒂德還是沒有解釋清楚太陽怎麼會對彗星從吸引突然轉向排斥。

近一個世紀以來，磁力一直是太陽吸引行星的最佳解釋，但牛頓基於對磁體的認識——他在「疑問」筆記本中就有了這種認識——竟然徹底拒絕了這一解釋，這具有舉足輕重的意義。在後來的一封信中，牛頓說磁鐵的「指令性」力量要大於其「吸引性」力量，所以一個物體一旦處於被磁鐵吸引的位置，它就會一直處於這一位置，並將永遠受到磁鐵的吸引。太陽一旦吸引了彗星，就永遠不會再排斥彗星。還有，就算的確有一種排斥性的磁力在起作用，這種力量也會在彗星到達近日點(圖14中的K點)之前的某個時間就排斥彗星，使彗星繼續沿着自己的路徑加速離開太陽，繞到太陽的另一側。

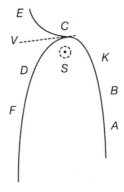

圖14　雖然牛頓仍然認為1680年的11月和12月出現的彗星不是同一顆，但他這一雖顯粗糙但聰穎獨到的圖示則表明了同一顆彗星在太陽後面可能的路徑。

　　牛頓否認排斥性磁力的存在，這同他的其他觀點一樣，顯得非常新穎獨到。彗星如果僅僅受到一種持續的吸引力，就會在離開太陽的過程中逐漸減速，沿着一條接近人們所能觀察到的軌道運行。大約就在此時，牛頓發覺只用一種吸引力來解釋彗星也是可行的，從而意識到解決「同一個彗星」問題的辦法。但在寫給弗拉姆斯蒂德的信中，牛頓還是使用了他致胡克的信中提到的術語，說那種「vis centrifuga」或「離心力」在近日點「超過了」引力，從而使彗星不顧太陽的吸引而倒退開去。離心力就是一個沿軌道運行的物體離開吸引體的趨勢（或程度）。雖然牛頓後來會捨棄離心力的概念，但是持續不斷的引力這一概念卻成為了後來《原理》中所論述的更成熟的動力學的基

石。這時牛頓離認識到應像對待其他天體那樣來對待彗星雖然還有三年之遙，不過已經很近了。

繞軌運行物體的運動

1684年8月，埃德蒙·哈雷前去劍橋拜訪牛頓。此前一段時間，倫敦幾位名流學者一直在討論天體動力學的問題。哈雷拜訪牛頓就是這些討論促成的結果。根據牛頓的說法，哈雷當時問他與距離的平方成反比的力量會劃出怎樣的曲線，他不假思索地說經他演算應該是橢圓形。但當他尋找自己的演算證明時，卻怎麼也找不着了。哈雷一直等到11月，才收到了牛頓的一篇短篇數學論文——《論軌道中物體的運動》。牛頓在這篇《論運動》中勾勒出的宇宙是一個抽象的體系，其中運行着一個個遵循特定數學規律的物體。牛頓在這裏創造了「向心」這一術語，用來描述在其體系中運作的朝向中心的吸引力。他把物體借以「盡力維持自身直線運動」的那種力量定義為「固有力」。牛頓進一步宣稱：除非受到外力的作用，否則物體會永遠沿直線運行下去。這些將共同構成《原理》中第一運動定律的基礎。在標題「假設3」下，牛頓還描述了「力的平行四邊形」定則的雛型。這一定則最終演變成了《原理》中的第二運動定律。

在《論運動》的「定理1」中，牛頓證明了開普勒第二定律，這是他整個分析的核心所在。開普勒第二

定律適用於一切圍繞一個引力中心旋轉的物體：物體
在相等時間內掃過相等的面積。牛頓的證明方法是將
繞軌運動劃出的面積分解成一個個無限小的部分。繞
軌運行的物體每時每刻都會受到「衝力」的作用，給
物體的運行方向帶來無限小的改變，由此產生一系列
面積彼此相等的無限小的三角形。不過，「定理2」與

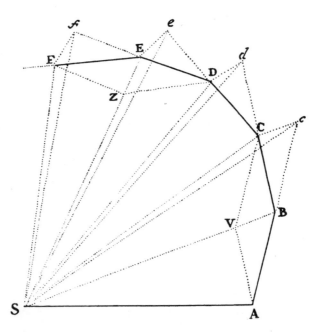

圖15　牛頓對開普勒第二定律的證明（見《原理》第一卷，命題1）。一個
物體沿路線ABCDEF運行，為一種朝向S的向心力所吸引。可以認為，
該物體在相等的時間內在B、C、D等幾個點受到一種「唯一而巨大的衝
力」的連續推動。這些點之間的距離可以變得無限小，好讓其軌跡變成
一條曲線。由於SAB、SBC等都是同樣大小的三角形，所以該物體在同
等時間內會掃過同等的面積。

「定理3」研究的並不是衝力，而是連續力。最終而言，連續力都可按照伽利略發現的持續(勻)加速公式來研究。這樣，牛頓就提出了兩種力的解釋：一種是「衝」力，由質量與速度的乘積(mv＝動量)來計量；一種是「連續」力，由質量與加速度的乘積(ma)來衡量。這兩種解釋處於緊張狀態，而且這種緊張狀態在《原理》中依然存在。

牛頓在「定理3」中表明，繞軌運行的物體受到平方反比力的吸引。他進一步證明，行星就是按照他在論文中勾勒出的定律圍繞太陽旋轉的此類物體。具有重要意義的是，牛頓在「問題3」下證明了平方反比定律支配着在橢圓軌道中運行的物體。此外，他還首次將彗星納入了一個自然哲學的數學體系之中。牛頓也認為，通過更為精密的分析，甚至還可確定彗星是否具有周期性(即是否擁有橢圓軌道和能夠定期回歸)。在「假設1」下面，牛頓指出他的體系中的物體通過沒有阻力的介質運行。不過，他確實也以「問題6」與「問題7」的形式增加了一些論述阻力介質中的運動的內容。

在1684到1685年的冬天，牛頓與弗拉姆斯蒂德有過一系列有趣的通信。通信表明，牛頓已在試圖將自己的分析與行星及其衛星的更精確的實際運行圖景聯繫起來，並且正在測驗開普勒第三定律的準確性。在此之前，弗拉姆斯蒂德已讀過牛頓11月寫的《論運

動》。他意識到牛頓在論文中暗示，可以將行星當做像太陽一樣具有向心吸引力的物體來對待。與此同時，牛頓還更進一步，假設如果木星支配着自己衛星的運動，那麼木星對其他行星也會施加影響，而其他行星反過來對木星也會有影響。在1684年12月的一封信中，牛頓索要有關木星「作用」於土星的資料，但弗拉姆斯蒂德拒不承認相距如此之遠的行星能夠互相影響。此時的弗拉姆斯蒂德仍然認為就算有這種作用力，也必然是磁力。

1685年早期，牛頓開始修訂《論運動》一文。在修改稿中，原來的「假設」上升到了「定律」的地位。雖然此時牛頓離提出萬有引力理論還有一段時間，但是他已經提出了這一革命性的宣稱：由於行星之間的互動作用無窮無盡且反覆無常，太陽系的重力中心並非一直都處於太陽的位置，因此，行星的運行軌道總是不規則的，也永遠不會是開普勒提出的那種精確的橢圓。多少世紀以來，人們都視行星的軌道為永恆完美的典範，實際上它們時時刻刻都發生着微小的變化。牛頓指出，行星的實際運動情況繁瑣複雜，非人類的智力所能洞悉。不過在大體上，人們還是可以將行星的軌道作為橢圓來對待。牛頓後來還會這樣認為：這樣一個宇宙體系能夠保持穩定運作，只能歸功於一位神聖幾何大師的妙手。牛頓在這裏還引進了一個論點，這一論點對其後來在《原理》中採用的方

法至關重要：既然彗星的尾巴並未出現明顯的縮減，那麼在宇宙的自由空間中實際上並不存在甚麼阻礙彗星運行的物質。現在，牛頓也開始考慮這個問題了：以太不僅精微異常，而且不會產生阻力作用，這樣的以太還能被說成是存在的嗎？

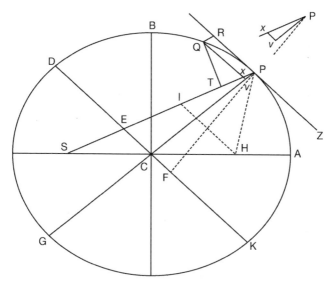

圖16 《原理》第一卷命題11問題6的圖示。牛頓在此演示，物體P圍繞焦點S沿着橢圓旋轉，受到一種與距離SP成反比的向心力的吸引。

牛頓對力改變物體運動方式的分析發生了重大的變化，這使他現在可以重新引入慣性這一普遍化的概念。慣性指一個物體會保持其當前的運動狀態或靜止狀態，而物體的運動或靜止狀態都是相對於被選來

當做參照框架的任何體系而言的。牛頓接着提出了一系列革命性的主要見解。有了慣性這一被相對化的概念，牛頓進而宣佈了一套「定義」（寫於修訂《論運動》之後），說物體圍繞向心引力來源所做的勻速圓周運動並不是一種簡單的慣性運動，而實際上是物體的運轉速度與一種持續引力共同作用的產物——這種持續引力使物體不斷偏離其原本會採納的路徑。

慣性概念具有相對性的含義，這就提出了一個棘手的問題：究竟能否發現絕對的運動？這一問題又回到了牛頓《論重力》中的分析。牛頓意識到這一問題不僅具有神學意義，而且還具有科學含義。因此，他對所下的定義做了補充，在其中強烈主張存着一個絕對的空間，這個空間獨立於其中的所有東西，「因為一切現象都取決於絕對的量」。正如我們在牛頓向伯內特所說的話中所看到的那樣，牛頓認為普通人通過相對的話語來感受世界，所以先知也以那種語言向他們說話是理所應當的。在給《論運動》的修訂版所寫的補充材料中，牛頓寫道：「普通人不能從可感知的表面現象抽象出思想，所以一直說着相對的數量，如果智者甚或先知以別的方式向他們說話，那將是非常荒謬的。」這一重大觀點也被寫進了《原理》，只不過沒有提及神學而已。在《原理》中，牛頓說平民百姓只會考慮「可感知的物體」的數量。他繼續寫道，不過「在哲學討論中，我們應該從我們的感官那

裏後退一步，來考慮事物本身——事物本身與人們對事物的僅僅可感知的度量是截然不同的」。牛頓想表明人們可以找到一個高於其他任何參照對象的「絕對」的參照框架，但他的這種努力到頭來被證明只是一種幻想。

在同一份草稿中，牛頓又加了六條「運動定律」，其中的第三條稱「一個物體給另一個物體施加多少作用力，它也會受到多少反作用力」。這實際上就將一個物體「抵制」移動的力(就是後來在《原理》的「定義3」中描述的「慣性力」)與持續或通過衝力施於任何物體的「壓迫力」等同了起來。這條定律就是《原理》中第三運動定律的前身。有了這個定律，再加上他的質量概念，牛頓現在就可以將向心引力的概念推廣到宇宙中萬物之上了。在這裏，牛頓更加精確地定義了物質「體積」的量。起初，牛頓宣稱物質的量與物體的重力「通常一致」。在1685年春天或夏天在他的「定義」修訂稿中，牛頓將「物質的量」(或「質量」)定義為基本的、「均勻的」物質，所以一個物體「密度加倍，體積加倍」，其質量就會是原來的四倍。也許最有意義的是，牛頓這一新的分析方法要求將所有的基本物質都視為在本質上一般無二，而如果沒有物質，就甚麼也沒有。在《原理》定稿(1687年)第三卷的「命題6」中，牛頓引入了「假設3」，宣稱由於物質的基本構成模塊都是一樣的，所以從原則

上講，一切形式的物質都可以互相「轉變」。這樣，牛頓就含蓄地將「質量」這個數學概念與他的煉金術式的分析聯繫了起來。

認同牛頓學說的古人

到1685年11月，牛頓已經完成了《原理》的一份初稿。這份初稿也叫《論物體的運動》，由兩卷構成：一卷通常被稱為《運動講義》，另一卷是《論世界體系》。《運動講義》擴充了原來《論運動》（及其各個修訂稿）中提出的那些證明。在這裏，牛頓試圖解決在考慮兩個以上物體之間的相互吸引作用時所遇到的那些棘手問題。

在1685到1686年的冬天，牛頓對《運動講義》進行了擴充。他進一步分析了衛星(一個抽象天體，但其性質實際上與月球一模一樣)在兩個或多個天體(也是抽象體，但明顯指的是太陽和地球)作用下的運動情況，增加了一個很權威的命題(XXXIX)，毫不含糊地提到了他掌握的微積分知識。萊布尼茨(Gottfried Leibniz)在1684年首次發表了微積分的基本公理。牛頓這麼做在一定程度上無疑是為了聲明自己創立微積分並沒有依賴萊布尼茨的工作。1686年早期，牛頓擴充了對阻力介質中的運動的處理。這一分析的篇幅變得非常之長，以至於牛頓將它單獨列出，後來構成了《原理》的第二卷。第一部分是對無阻力介質中的運動的分析，後來成了《原

理》的第一卷。在第二卷的定稿中，牛頓增加了更為複雜的關於壓力和膠黏性的內容，認為笛卡兒提出的渦旋在物理上是不可能存在的。

在1685年完成的那部著作第二卷(即《論世界體系》)的開頭，牛頓提到了支撐柏拉圖、畢達哥拉斯(Pythagoras)和羅馬賢王努馬(Numa Ponpilius)的著作的古代哲學與天文學。努馬曾「為女灶神維斯太(Vesta)建造了一座圓形的廟宇，下令在廟中央燃起一堆火，並要保持長明不滅」，以此象徵以太陽為中心的世界體系。與大部分同代人一樣，牛頓也認為古人對自然世界有過正確的認識，只不過這種知識在後來遺失了。牛頓在17世紀80年代中期撰寫了一長篇論文(《外邦人神學的哲學起源》)，認為古人曾經相信宇宙是以太陽為中心的，但是這一認識被後人誤解和歪曲了。對那些以太陽為中心的宇宙的象徵性表述，畢達哥拉斯和其他一些人能夠正確理解其中的真正含義：太陽居於中心，周圍則環繞着沿同心軌道運行的行星。但是，亞里士多德等希臘人則假定這樣一個系統的中心是地球。最初，希臘人通過俄耳普斯(Orpheus)和畢達哥拉斯從埃塞俄比亞人和埃及人那裏獲得了對自然世界的認識。埃塞俄比亞人和埃及人將這些真理藏起來不讓普通人知道。在那時候，有一種僅供傳授給專家的「神聖」哲學，還有一種公開向普通人傳揚的「通俗」哲學。埃及人

藉助音樂的音調，指出了行星的〔正確〕順序。為了嘲笑俗人，畢達哥拉斯也藉助全音程與半音程中的和聲比例——而且更滑稽的是，藉助天體音樂——來測算行星之間的距離以及地球與各個行星之間的距離。

在《論世界體系》中，牛頓再次提出這個觀點：像迦勒底人一樣，古埃及人已然知道彗星是天體現象，可以將彗星當做一種行星來對待。

古埃及人按照太陽系的模式修建廟宇，根據行星的順序來給他們的眾神命名。同樣，古埃及人的宗教也是基於他們對天體的理解進行的仿效。牛頓偶爾還會提到古人的「天文神學」。將七個已知的行星(包括月球)與五種元素——氣、水、土、火和上天之精髓——加起來，就能得到各古代宗教所共有的十二個主神。諾亞(Noah)是土星和傑納斯(Janus)，有三個兒子。牛頓與其他歷史學家一樣，採取了一種「神話即歷史」的方法，認為異教徒的神話描述的是被神話了的真實人物，只不過不同民族對他們的稱呼不同而已。此中證據有：神話人物的名字多有相似之處，尤其是對神話人物的性格與行為的描述顯然一模一樣。

由此來看，《論世界體系》的第一部分應是牛頓在寫就該文之時正在着手進行的一個更大項目的衍生

物。在隨後的幾十年中，牛頓都曾下大工夫並以多種形式尋找古代文獻中有關真正哲學的「線索」。例如，在稍後完成的一篇文章《宗教的起源》中，牛頓斷言古代中國人、丹麥人、印度人、拉丁人、希伯來人、希臘人和埃及人都曾按照同樣的習俗奉行崇拜，而英格蘭的史前巨石群顯然是又一座維斯太廟。牛頓繼續寫道，宗教的這一面是再「合理」不過的了：「在沒有啟示的條件下要獲得對神的認識，除了藉助自然框架之外」別無他途。由於擁有關於真正哲學的知識，他能夠恢復那種一直被「遮蓋」的神聖哲學，而這反過來又能保證他自己對世界的解釋是正確的。牛頓的神學工作旨在恢復真正的宗教，同樣，牛頓也一直認為自己所從事的科學工作在本質上就是為了恢復已經喪失了的知識。

《原理》

《運動講義》研究的是一個抽象的數學體系，《論世界體系》的其餘部分則研究了潮汐的數據（系1685年秋通過通信從弗拉姆斯蒂德處獲得），描述了鐘擺實驗、真實的月球以及其他來自真實世界的現象。牛頓將這些與《運動講義》中描述的數學世界進行對比，進而斷言，在那個抽象世界中運作的定律同樣支配着我們真實世界中的現象。不過，此時的牛頓還無

法在第二卷中對彗星做出充分的解釋，所以他在1685到1686年的冬天經過不懈努力，終於提出了一個充分的解釋。

《原理》的最後一部分即第三卷完成於1687年初，研究的是世界的真實體系。牛頓根據基本原則，通過天文數據和物理數據證明了地球在兩極是扁平的（即地球是一個扁圓的球體）。最後，牛頓展示了他的物理學可以用來解釋彗星的行動。如果找找以前記載了類似輪廓的彗星的資料，我們可能會覺得彗星的軌道是周期性的，因而是橢圓形的。雖然如此，我們還是可以將彗星接近太陽的軌道視為拋物線，而且這部分軌道可以通過實際測算來確定。在這裏，牛頓花了一些篇幅來描述彗星的神奇功能。在彗星接近太陽的過程中，彗尾會從太陽的物質中獲得補給，這反過來又會更新彗星的流質成份。每當行星從彗星的尾巴中穿過，行星上的生物就會從彗星的流質中獲得營養。牛頓還寫道，空氣中最精純的部分，就是維持地球上一切生命的那部分，也來自彗星。顯然，牛頓在此擴展了他在17世紀70年代所寫的包含煉金術和哲學內容的著作中所描述的地球的循環體系。

1687年，《原理》面世。這部著作大膽地宣佈了一個將影響後世科學研究達三個世紀之久的信條：假設應該被摒棄，設計精良的實驗應該成為普遍數學定律的基礎；這些普遍的數學定律在數量上越少越好，

而且應該被視為準確無誤，除非出現相反的證據。《原理》中最偉大的概念是萬有引力定律。根據這一定律，大物體會彼此吸引，兩個物體之間的引力等於常量「G」乘以它們質量的乘積再除以兩物距離的平方（Gmm'/r^2）。《原理》的劃時代意義由此開始顯現：擁有向心引力的不再只是巨大的行星了，因為從第三運動定律中可知，所有的大物體都會施加這樣一種力。這就產生了一個令人驚嘆的結論：宇宙中的每一個大物體都吸引其他每個物體。這將給牛頓和他的同代人提出一些重大的問題。究竟甚麼是引力？宇宙一端的物體如何向另一端的物體施加這種引力？引力通過何種媒介運作？

在將《原理》的最後一批書稿發往倫敦之前不久，牛頓還為《原理》撰寫了一篇不同尋常的《結論》，在其中聲稱《原理》中的分析方法可以用來研究地球上的一切現象。牛頓已經用萬有引力解釋了宏觀現象，在此方法的基礎上，他認為應該援引短程力來解釋「無數」其他的局部性運動。這些運動因過於微小而無法察覺，但正是它們引起了地球上的諸多現象，例如電、磁、熱、發酵、化學轉變、動物的生長等。

牛頓在第二卷中分析天上的運動時完全摒棄了他二十年來一直倚重的以太。同樣，在分析地球上的現象時牛頓也摒棄了以太。他提出就用他所說的吸引力

與排斥力來取代以太。他用通俗的言語說，人們傳統上就用「引力」這個概念來形容微粒藉以「衝向彼此」的任何一種力。在短程範圍內，這些力具有吸引性。這可以解釋他以前在煉金術和哲學工作中注意到的物質「凝結」的屬性。距離再大一些，這些力就變成排斥性的了。這可以解釋之前在《假說》中用以太來解釋的表面張力現象（例如蒼蠅可以在水上行走）。不過，牛頓聲稱這類力有好幾種，不過這就與他提出的哲學家應該採納盡可能少的普遍原則的要求有點衝突了。

牛頓還寫道，他之所以提到這些力，只是為了鼓勵進一步的實驗而已。不過，他接着又基於物質的基本原料是相同的這一觀點提出了一個推測。因為絕大部分空間都是空的，所以促使物體結合的那些力會使物體結合形成規則的結構，「如同雪和鹽的形成過程那樣，幾乎就像藝術的產物」。物質內部會有網狀的結構，由很長且富有彈性的幾何竿組成。這一點可用來解釋為甚麼有些物體要比其他的物體更容易加熱或者可以讓更多的光線穿過。牛頓再次援用接近煉金術語言的術語，稱在吸引力的作用下，物質基本元素的不同網狀排列能夠讓嬗變得以發生。牛頓使用海爾蒙特（Helmontian）的概念斷言，水「這種稀薄物質」通過發酵可以轉變為動物、植物和礦物中「更稠密的物質」，並且最終可以「轉化為礦物質和金屬物質」。

在另一方面，斥力則能讓稠密的物體變成蒸氣、揮發物或空氣，而讓更稀薄的物體變成光本身。牛頓的這個微觀世界設想令人吃驚，但他最後卻取消了出版這篇《結論》的計劃，而是將它濃縮為一篇前言的草稿。不過，就是這篇前言在《原理》的定稿中也沒有出現。

冒充大師——胡克

1686年5月，就在《原理》第一卷被介紹給皇家學會之後不久，哈雷告訴牛頓胡克對其中的平方反比定律有「一些要求」，聲稱是他讓牛頓注意到這一定律的。雖然胡克並沒有對由平方反比定律證明出圓錐曲線提出任何權力要求，但這一次牛頓則對胡克完全失去了耐心。牛頓告訴哈雷，胡克在1679到1680年與他的整個通信過程中都跟他糾纏不清，而且此人沒有給他帶來一點他原先不知道的東西。幾天後，在細讀了一些過去的論文之後，牛頓非常生氣地發現原來胡克僅僅「猜測到」平方反比定律會一直延伸到地球的中心，而且他的這種猜測還是錯誤的。牛頓告訴哈雷，他決定停止第三卷的撰寫工作，因為哲學「就像一個傲慢無禮、爭論不休的女人，一個男人一旦與她發生糾葛，無異於惹上了一場官司」。

牛頓並沒有就此打住。他告訴哈雷，就在基本寫完該信的時候，他聽說胡克正在「蠱惑人心，偽稱我

的一切都源於他，並希望人們能為他伸張正義」。像以前一樣，牛頓指出胡克在哪些地方竊取了他人的著作，將他人的東西當做自己的東西一樣傳播。胡克在自己的著作中顯得

好像他知曉並已充分提示了一切，所剩下的只需通過辛苦的計算與觀測來確定罷了，但他又借口忙於其他事務而不自己進行計算和觀測。實際上，他倒真該用無能來為自己開脫。

牛頓諷刺道，在胡克看來，

所有那些發現、研究和處理一切的數學家都該滿足於僅僅將自己視為乏味的計算者和苦工，而另一個無所事事、一味巧取豪奪的人卻可以名正言順地攫取一切發明——既包括前人的，也包括後人的。

與以前兩人的交鋒一樣，牛頓還編造了一個複雜而又難以置信的故事，說胡克有可能是從與他的通信中一點點搜集到平方反比定律的。哈雷的回信讓牛頓平靜了下來。哈雷告訴牛頓，他就此事在一家咖啡館裏進行了討論，現在很少有人還相信胡克證明了橢圓

軌道與平方反比定律的關係，或是相信胡克提出了一個關於自然的宏偉體系。

　　顯而易見，牛頓並沒有停止《原理》第三卷的寫作，不過他的確使表述更加數學化、更加難以理解了。這其中有一部分原因可能是要給胡克一個教訓。但無論如何，第三卷必然更加令人生畏，這是其內容發展的必然要求。許多很有成就的數學家雖然下了工夫，但也只能理解《原理》中的頭幾條命題，其他的就無能為力了。這樣一來，《原理》便以深奧難懂而聞名了。

第八章
都市之中

　　在完成《原理》最後一卷之前，牛頓就發現自己
捲入了一場新的危機。1685年初，詹姆士二世(Catholic
King James II)登上王位。即位不久，這位天主教徒國王
就開始放鬆那些旨在限制天主教徒擔任公職和進入大
學的法律和慣例。1687年2月，劍橋大學的副校長接到
一道命令，要求劍橋大學接納弗朗西斯(Alban Francis)
神父進入西德尼·薩塞克斯學院(Sidney Sussex College)
研修文學碩士學位。牛頓立即採取行動反對這一命令，
因為他覺察到這會威脅到他所在大學的新教的完整性。
1687年4月，牛頓成為劍橋大學委派的八名「使者」之
一，前去接受一個宗教委員會的調查。這個宗教委員會
由傑弗里斯法官(Jeffreys)領頭。傑弗里斯曾是牛頓的本
科同學。不過此人現在臭名昭著，因為他最近將新教徒
蒙默斯公爵(Duke of Monmouth)的數百名支持者判處了
死刑。4月21日，傑弗里斯以自己的一貫作風，高聲訓
斥了劍橋的八位代表。不過，他還是給了幾位代表一段
時間，讓他們準備下一步的答辯詞。5月12日，牛頓、
巴賓頓和其餘六位代表被告知，他們「狡猾的影射」引

起了調查團的憤怒。傑弗里斯隨即遣散了他們，命令他們不可再犯罪，不然將有更大的厄運降臨到他們頭上。

早在4月份的一次準備對抗傑弗里斯的會上，牛頓就強烈建議在是否接納弗朗西斯神父一事上採取毫不妥協的立場。他在一篇短文中指出，當前的事態極為嚴重，劍橋大學不能相信詹姆士關於維護新教的許諾(詹姆士雖是天主教徒，但作為英格蘭的國王，他在名義上也是英國國教的捍衛者)。實際上，詹姆士是不能作出這樣的許諾的，一則這為他自己宗教的規條所不容，二則在任何情況下，他都不能合法地利用自己的豁免權廢除那些確保新教在英國佔據中心位置的法律。英國人不會放棄保護個人自由與財產的法律，他們更不應放棄那些保護自己宗教的法律。

在另一篇文章中，牛頓接着考察了國王豁免權的權限。他發現如果沒有廢除法律的必要，國王便沒有廢除法律的權力。在一份分析陳述中，牛頓更是將國王的權力降到了「人民」的權力之下，認為只有「人民」才能決定是否有必要廢除法律。這份陳述清楚地表明牛頓持有「輝格黨人(Whig)」的觀點——牛頓在1689年當選為下院議員後，便走進了輝格黨人的激進圈子。在為與傑弗里斯最後攤牌準備的文件中，牛頓指出代表之所以採取那種立場是為了捍衛他們自己的宗教；天主教徒和新教徒不可能在同一所大學「幸福地或長期地」共存；而新教教育的根基「一旦枯竭，從那

裏流出的一直在澆灌全國的涓涓溪流也必將衰竭」。

　　1687年，牛頓終止了他作為盧卡斯講座教授的活躍生涯。在1684年，也就是他在這個職位上給學生授課接近十年的時候(雖然有時候並沒有學生來上課)，為了履行自己的職務職責，他向劍橋大學圖書館提交了一份代數學講義手稿。惠斯頓(William Whiston)1707年出版了這份手稿，名為《通用算術》。牛頓在這部作品中讚揚了古代數學家對幾何學的依賴，但對現代分析者將方程與算術術語引進幾何學卻大加申斥。

　　1688年末，詹姆士二世逃離了英格蘭，奧蘭治家族的威廉(通過後來所說的光榮革命)來到英國。這給牛頓提供了向新政權表示忠心的機會。1689年1月，牛頓被選為代表劍橋大學參加議會的兩名議員之一。雖然選票上曾用無以復加的讚詞介紹了牛頓，但最後的當選還是多少讓牛頓有些吃驚。2月上旬，牛頓和大多數議員一起投票，確認詹姆士的撤離意味着他已「放棄了」王位。在後來的幾周中，牛頓供職於一個委員會，該委員會負責草擬了一份關於寬容各種不奉國教者的議案。自然，牛頓支持國家容忍各種稍有差異的新教教義，認為國家應該不分教派和允許任何合格的新教徒(比如他自己)擔任公職。5月17日，這一針對宗教寬容的議案被國會通過，成為法律，是為《宗教寬容法》。根據該法，不奉國教者可以自由地進行公開崇拜活動。不過，規定任公職者須領聖餐麵包與葡萄酒的《宣誓

法案》並未廢除，天主教徒與反三位一體教義者並沒有信仰自由。

　　1689年夏，牛頓又遇到了一個挫折：儘管有新國王威廉三世的強力支持，他還是未能獲得國王學院院長一職。不過，牛頓並不缺乏崇拜者和追隨者。好幾個人都爭着要當他那部偉大著作《原理》下一版的編輯，其他人則致力於理解該書深奧得讓人難以置信的內容。牛頓反過來也會稍稍施惠於他的追隨者，例如他幫助戴維·格雷戈里獲得了牛津大學薩維列恩幾何學講座教授的職位。在歐洲大陸，惠更斯和萊布尼茨等著名自然哲學家對《原理》也是讚不絕口，雖然他們二人都認為牛頓忽略了自然哲學的整個目的，因為他沒能給「引力」提出一個物理解釋。

　　在《原理》第二卷中敲響了渦旋說的喪鐘之後，牛頓便致力於解釋重力問題。17世紀90年代上半期，牛頓從事了《原理》的修改和訂正工作，曾給德·杜伊連爾和戴維·格雷戈里看過他的許多修改和訂正內容，其中有一些涉及重力的物理成因。他給第三卷的命題4—9寫了一系列「古典」註釋，指出《原理》提出的萬有引力與其他原則都曾為古人所知，今人通過認真研讀維吉爾、奧維德等詩人的詩作便可以獲得這些知識。在這些修改稿中，牛頓聲稱萬有引力藉助「某種主動原理」運作，這種主動原理能讓力從一個物體傳送到另一個物體：

因此，那些正確領悟了神秘哲學的古人教導說，有一種無限之靈遍佈一切空間，包容整個世界，給世界賦予生機。根據亞里士多德引用的那位詩人的話，這種靈就是他們的守護神：我們在他裏面生活，獲得我們的存在。

古人通過潘(Pan)和他的笛子的象徵，提到了這一神靈作用於物質的方式：「不是通過不規則的方式，而是和諧地或者按照和聲的比率進行。」很久以後，凱瑟琳‧孔杜伊特提到，牛頓認為重力取決於質量，就像聲音與音調取決於弦的尺寸一樣。

牛頓恢復失傳的古代知識的努力絕不僅僅限於這一方面。大約在同一時間，牛頓投身於一項旨在「恢復」古人失傳了的幾何學的數學大業。1691年末，他還開始撰寫了一篇名為《曲線求積術》的論文。在這篇了不起的論文中，他回顧了自己發現微積分和發展無窮級數的過程。他在文中大量援用他在17世紀70年代中期寫給萊布尼茨的信函，由此可見他此文的主要目的是為了表明自己的發明要早於並優於萊布尼茨的發明。1694年格雷戈里讀過此文後說牛頓發明了求積理論(積分)，且這一發明「讓人震驚，令人難以置信」。

《原理》完成後的幾年中，牛頓進行了他一生中最為緊張的一部分智力活動。17世紀80年代晚期，牛頓計劃撰寫一部四卷本的光學著作，並打算在最後一

卷中展示視覺效果如何根據短程引力和斥力發生作用。在一份草稿中，他再次提出了他給《原理》寫的但扣下未發的那份前言和結論中的評論，大意是哲學家應該假定各種類似的力不僅在宏觀世界運作，而且也在微觀世界運作。牛頓接着寫道，鑑於這一「大自然的原則與哲學家持有的觀念相距甚遠，所以我並沒有在〔《原理》中〕進行描述，〔以免〕有人將其斥為荒誕不經之想」。儘管牛頓最初有着這樣的打算，他在1694年卻將計劃中的書稿壓縮為三卷，而十年後《光學》就是以三卷本的形式最終出版的。

　　1690年夏天和秋天，牛頓興奮而熱烈地研究了一個爭論激烈的問題：天主教徒和三位一體教義者當初是如何歪曲《新約》的真正經文的？1687年，監管出版的許可法令有所鬆懈，於是出現了好幾本反三位一體教義的著作。1689年，天主教徒西蒙(Richard Simon)出版了一本著作，分析了一段支持三位一體教義的關鍵經文——《約翰一書》第五章第七和第八節，即所謂的使徒約翰的逗號。當時，與牛頓相識不久的洛克詢問牛頓對那段經文的看法。1689年11月，洛克(他即將發表《論宗教寬容函》、《論人類的悟性》、《論政治兩文》等偉大著作)收到了牛頓的一篇長文，其中不僅解釋了上述那段經文，而且還論述了另一段三位一體教義所倚重的經文——《提摩太前書》第三章第十六節。雖然牛頓試圖用客觀研究的厚

厚帷幕來掩蓋自己的實質工作，但他毫無疑問知道洛克是贊同自己的觀點的。

西蒙說那段經文雖然在最古老的希臘文抄本中找不着，但是天主教的傳統能夠確保其真實性。牛頓告訴洛克，這是天主教對經文的又一歪曲，許多人文學者和新教徒對此心知肚明，但還是寧願保存這段經文，因為它可是用來反對異端的一個關鍵證據。牛頓虛偽地聲稱，他準備寫的東西「不涉信仰，無關教規，只是關於《聖經》文本的一篇評論而已」。簡而言之，牛頓認為教父哲羅姆將那段偽經插入了他翻譯的拉丁文《聖經》，後來

> 拉丁人曾在他們《聖經》的頁邊空白處指出了哲羅姆所作的變更。從那以後，尤其是在經院哲學家復興辯駁之風的12世紀以及其後的世紀中，那段偽經最終還是在抄寫過程中悄悄爬進了經文。

自從印刷術出現後，那段經文「從拉丁文《聖經》中爬出來，又爬進了印刷出來的希臘文《聖經》，全然置一切希臘文手稿和古代文本的權威於不顧」。

牛頓探究這些篡改的方法包括三個方面。第一，他能指出那段經文為甚麼會被插入各種抄本和印刷本中，以及是如何插入的。這就牽扯到對經文進行複雜而精深的研究。牛頓分析說如果那段經文的的確確原

本就有，那麼哲羅姆(Jerome)之前的那些可靠的作者必然會有所提及，但他們卻一字未提。沒有任何證據表明那段經文曾出現在最古老的希臘文經文中。實際上，哲羅姆的一些同代人就曾指控哲羅姆，說他隨心所欲地插入了那段偽經。牛頓更是將哲羅姆推上審判席，而且毫不吃驚地發現哲羅姆有罪。第二，牛頓實際上能夠查閱到《聖經》古抄本以及提及古抄本的印刷本《聖經》，其中提到的那段討厭的話在古本中要麼不存在，要麼被打上了問題標號。如果哪裏出現了帶有逗號的那段經文，牛頓則會努力表明那是很久以後添加上去的。第三，那段經文恢復原貌後顯然更加合理；為了洛克着想，他還重新整理了那段有爭議的經文。

此後不久，牛頓又寄給洛克一篇文章，提出了更多的問題經文，「因為篡改經文的企圖有過許多，且其中有一些已經得逞，這是不足為奇的」。根據牛頓的看法，所有這些訛誤最初都是天主教徒所為，「然後為了使這些篡改合理化，為了宣揚它們，〔天主教徒〕便指責異端和過去的闡釋者，就好像古人正確的闡釋和翻譯反倒是訛誤一樣」。那個時期的學者在一個個可恥的行為之間來回搖擺：「這就是那個時代的自由：博學者在翻譯原作者的著作時肆意修改而不臉紅，並且公開承認自己的行為，好像進行忠實的翻譯反倒是一樁罪行似的。」新教徒現在也在參與犯罪。

牛頓很偽善地告訴洛克，他之所以「提到」這一切詭計，「是因為我對虛偽的騙子深惡痛絕，是為了讓基督徒出於羞恥而放棄這些做法」。

精神崩潰

在1692年以及1693年初，牛頓與法蒂奧・德・杜伊連爾交往極為密切。法蒂奧編造故事糾纏這位老人，說他的一位朋友煉出了一種丹藥，服用一劑就有非常奇妙的療效。在一封信中，法蒂奧要求牛頓投資一大筆錢來開發並推銷這種丹藥。1693年初夏，牛頓好幾次從三一學院前去倫敦，大概就是為了和法蒂奧商量此事以及其他事務。7月的時候，牛頓出現了精神崩潰，但直到他9月中旬給佩皮斯（Samuel Pepys）去了一封信後，他的這一痛苦經歷才為人所知。這封信是牛頓在思想非常混亂的狀態下寫的。他在信中憂心忡忡地指出，他從未試圖將佩皮斯或詹姆士二世作為自己的恩主。他告訴佩皮斯他將不得不結束與佩皮斯的交往，甚至要與佩皮斯的一切朋友永遠斷絕聯繫。洛克也收到了牛頓一封更加令人費解的信。這封信寫於肖爾迪池的一家酒吧，時間應是給佩皮斯去信的三天之後。像佩皮斯一樣，洛克也是頭一次聽說牛頓的這些憂慮。牛頓在信中為曾經指責洛克試圖用女人來「糾纏」他而道歉。他懇求洛克原諒，因為他曾希望洛克死於所患的疾病。他還為自己曾經指控洛克為霍

布斯哲學理論的追隨者(即唯物主義者)和稱洛克在其文章中削弱了道德的基礎而表示歉意。

面對這些惡劣的辱罵,佩皮斯和洛克表現出了可敬的諒解態度。實際上,沒過多久,牛頓就稱自己已忘了當時究竟寫了些甚麼。對於牛頓的這種奇怪行為,人們用工作過度、水銀中毒、對法蒂奧的迷戀受到壓抑、未能在倫敦獲得一份工作等原因來解釋,但是這些理由似乎沒有一個能令人信服。

牛頓的思想恢復了平靜、生活恢復了正常之後,又作了最後一次努力,想矯正他在《原理》中論述月球理論時遇到的一些頑固問題。可以說,這將是牛頓從事的最後一項主要的持續性科學活動。從1694年夏開始,他再次嘗試解決月球理論問題。為了獲得最新的數據,他前去格林尼治拜訪弗拉姆斯蒂德。弗拉姆斯蒂德同意給牛頓看他改進後的月球觀測數據,但加了一個條件:牛頓得答應不將這些數據給任何人看。牛頓聲稱他改進後的理論可以糾正這些觀測數據,所以弗拉姆斯蒂德反過來也想得到牛頓的糾正結果。然而,牛頓可沒打算平等地對待這位皇家天文學家,只是一個勁地要求弗拉姆斯蒂德按照他的吩咐提供原始的觀測數據。牛頓要求甚麼類型、甚麼精度的數據,弗拉姆斯蒂德都盡量滿足。但到頭來,牛頓還是沒能解決棘手的「三體」問題*。而不解決這個問題,他就

* 「三體」指太陽、地球和月球。所謂三體問題,是指如何找到一個數

無法在月球理論上取得進展。

後來，牛頓和弗拉姆斯蒂德彼此越來越懷疑對方。弗拉姆斯蒂德聽說牛頓給哈雷和格雷戈里看了他對月球數據的「糾正結果」，而牛頓則指責弗拉姆斯蒂德提供原始數據時顯得疏懶遲緩，同時對弗拉姆斯蒂德想了解他的糾正結果的理論基礎也感到不快。在後來的幾年中，雙方的關係持續惡化。1698年，弗拉姆斯蒂德威脅要通過印刷物揭露：是他正在給牛頓提供觀測數據，而藉助這些數據牛頓就有可能改進他的月球理論。牛頓聽後勃然大怒，沒讓弗拉姆斯蒂德發表這則消息。當時的牛頓一心撲在造幣廠督辦的工作上，不想讓更多的人知道他還沒能解決月球運動的問題。牛頓告訴弗拉姆斯蒂德，他並不想被「公開地拉上舞台，捲入那些也許永遠都不適合讓公眾知曉的東西，不想讓世人期待一些他們也許永遠都不會擁有的東西」。他「不願在每個場合都被曝光」，更不願「因為數學問題而被外國人糾纏或嘲弄，也不願讓自己人以為我將本應用於國王事務的時間虛擲在數學問題上」。兩人之間的關係原本就不牢固，此後也一直未見好轉。

學方法，來準確地勾勒這三個天體的運行軌跡。

第九章
萬有之主

　　1696年，牛頓在首都謀求一份工作的努力終於有了結果：他從一位遁世者一躍而成了一名高級公務員。1696年3月19日，牛頓在三一學院的昔日同事蒙納古（Charles Montagu）（1700年後受封為哈利法克斯男爵）簽發了一封信，確認牛頓被任命為造幣廠督辦。蒙納古當時是財政部的高官，同時擔任皇家學會的主席。不久以後，他就成了牛頓外甥女（即其同母異父妹妹之女凱瑟琳·巴頓，後嫁給孔杜伊特）的情人。作為造幣廠督辦（監督鑄幣過程的欽差），牛頓面臨着好幾項挑戰。英國當時需要雄厚的財政儲備來支持對法國的軍事行動。但是，英國國內的「剪錢」行為*嚴重降低了貨幣的價值以及鑄幣的質量。另外，由於銑邊新幣要比「錘成的」舊幣更重且含銀成份更高，所以不法份子會將新幣熔化後出售牟利，或將真幣剪邊與銅混合後製成偽幣。早先有人曾就銀幣的問題徵詢過牛頓的意見，牛頓認為（由於鑄造硬幣的原料金屬要比硬幣的面值更值錢而導致的）熔化新幣的災難只是暫時的，

---

* 所謂剪錢，是指剪下或削下銀幣的邊緣並積累起來牟利的行為。

只要准許新近成立的英格蘭銀行發行的紙幣進入流通領域，就可以在短期之內減緩這一問題。牛頓還持有這樣一個陳舊觀點：花大錢購買外國的奢侈品既是對個人德行的侮辱，也是對國家力量的侮辱。

唯一的長遠之計就是收回所有的「舊」幣，大大增加造幣廠生產的「新」幣數量。「重鑄貨幣大行動」將生產非常標準的、周邊帶有可見紋路的新幣，而且全都由最先進的滾軋機製造。雖然造幣廠督辦先前只是一個報酬不錯的閒職，但牛頓還是一心撲在重鑄新幣的工作上。他籌集鑄造錢幣所需的大量銀條，並在諾里奇、約克、切斯特、布里斯托爾和埃克塞特等地設立了臨時分廠。這些造幣廠生產了大量銀幣，不過到牛頓1727年去世的時候，流通中的銀幣已經為數不多了。

作為督辦，牛頓還得負責檢舉剪錢犯和偽造硬幣者，並且如果他們罪有應得，可以建議對他們實施死刑。牛頓就像當年揭發偽造經文者一樣，非常投入地追查那些歹人，甚至使用的手法都一般無二。他廣泛研究了剪錢與偽造硬幣的技術與歷史，出錢從告密者那裏獲得消息，寄錢給友善的證人讓他們能夠體面地出庭作證。一些被投入監獄的偽造硬幣者曾威脅要槍殺牛頓，而牛頓反過來對查洛納（William Chaloner）等罪犯也毫不手軟。威廉・查洛納在被送上絞刑架的前幾天，懇求牛頓對他大發慈悲，但牛頓對此充耳不

聞。在牛頓的打擊下，剪錢和偽造硬幣的行為逐漸減少，因為這項罪名被處死的人數也下降為零。

到1698年，牛頓基本上已把平素由造幣廠廠長行使的職責都拿過來了。當時的廠長是尼爾(Thomas Neale)，他於1699年末去世後，牛頓就繼任廠長。廠長負責監督用來鑄造硬幣的鑄錠中各色金屬的質地，還負責鑄幣所得收入的使用。

在後來的歲月中，牛頓有關化學過程的知識也會偶爾派上用場，尤其是在所謂的「硬幣年度檢驗」中。所謂硬幣年度檢驗，就是一群金匠手拿「試驗」幣，來檢驗隨便選擇的硬幣的質量。廠長偶爾也會督促(就牛頓而言應是設計)鑄造不同金屬的硬幣，以慶祝皇家的任職典禮或軍事上的勝利。

牛頓在倫敦生活得不錯，但對文學或戲劇並未表現出甚麼興趣。牛頓曾告訴斯蒂克利，他一輩子只去看過一次歌劇，而且剛看了一半就跑出來了，還對自己竟然待了那麼長時間感到有點納悶。1701年，牛頓當選為國會議員，開始在國會供職，直到次年5月為止。與十多年前一樣，他在擔任議員期間表現平平，乏善可陳。1705年5月，牛頓再次競選國會議員，並且再次得到了哈利法克斯男爵(Halifax)的支持。可是這次牛頓卻輸了，這讓他大傷臉面。也許令牛頓多少感到安慰的是，就在此前一個月，安妮女王在前去紐馬基特觀看賽馬期間蒞臨劍橋，將他封為爵士。

《光學》

　　1703年3月，羅伯特‧胡克去世。同年11月，牛頓被選為皇家學會主席——不過絕非全票當選。也許胡克的去世加速了牛頓的當選過程。這次當選重新燃起了牛頓那已失去多年的對自然哲學的興趣。雖然能夠理解其《原理》的人寥寥無幾，但牛頓藉助這一機會，讓更多的人了解了自己的光學觀點。牛頓的《光學》出版於1704年2月，書末還附有論文《求積術》以及研究「三次曲線」的一篇論文。

　　《光學》主要由牛頓過去的一些論文組成。該書採用英文出版，含有大量實驗，並且避免使用《原理》中那些深奧的數學論證，因此能為廣大讀者所理解。《光學》的確含有一卷新的論述衍射的內容，不過篇幅比較短小。牛頓在這一卷(即第三卷)中還插入了十六個短小的「疑問」，論述了他的自然哲學的根本特徵。這些「疑問」以問題的形式出現，表述大都採用了「引力」等《原理》式的措辭，而且與《原理》一樣，也沒有用到以太的概念。在給這部著作草擬的一份導言中，牛頓說一個人應該從一系列廣泛的現象中推出三四個「普遍假設」，然後通過這些現象來解釋世界上的一切現象。只有從現象入手並從中推導出普遍原則才算正途，否則「你也許可以提出一個貌似合理的哲學體系，為自己博得名聲，但你的這個體系比傳奇故事好不到哪裏去」。他在這些發表的「疑問」中，旗幟鮮明地用具有超距作

用的微觀力來解釋光與物體的關係。他嚴厲抨擊了一切將光解釋為在「運動力或壓力」下的變化的努力，將其斥為「一個假設體系」。

實際上，就在牛頓寫下這些的時候，他已在撰寫七條新的疑問，這些疑問出現在兩年後拉丁文版的《光學》中。可以說，這些疑問與1717年英文版《光學》第二版中加入的八條新疑問一道，構成了18世紀化學與自然哲學領域最具影響的文獻。也正是在這些疑問中，牛頓回顧了他在《論重力》中所作的傑出分析，首次公開談到了他如何理解上帝與其創造物之間的聯繫方式。在疑問20（即1717年版的疑問28）中，他說那虛空的空間就像上帝的「感覺中樞」；上帝能夠覺察宇宙中發生的一切，就像人可以覺察進入其大腦裏的種種形象一樣。疑問23（即1717年版的疑問31）涉及面非常廣泛。在這條疑問的一份草稿中，牛頓指出那位至高之神的思想「對物質的影響非常之大，勝於母親的想像對胎兒的影響」。他回顧了給《原理》草擬的那些古典註釋，並告訴戴維·格雷戈里上帝通過其秘密的臨在而成為重力的直接原因。在這些草稿中，牛頓聲稱空間就是上帝的感覺中樞或者上帝的軀體。這實際上是一種古老的基督教異端思想。雖然這一觀點在《光學》最初採用的一些例子中有所體現，但在後來的印刷中牛頓將那句話改成空間就像上帝的感覺中樞。

這些新疑問描述了一系列化學現象，並將它們歸入「主動原理」的標題之下，從而發展了牛頓在那篇扣下未發的《原理》的《結論》中所作的分析，延伸了他早期在哲學與煉金術方面的工作。這些令人驚嘆的疑問將他過去四十年來從事的許多各不相同的研究活動糅合在一起。在內容廣泛的疑問23的草稿中，牛頓說「（我們所看到的）世界上的種種運動一直在衰減」，只有藉助主動原理才能恢復運動。主動原理產生了重力，引起了跟發酵與凝結相關的無數現象。這些現象會受到普遍法則或定律的影響，而這些法則或定律才是「機械哲學的真正原理」。牛頓宣稱：「除了（顯然）由於這些主動原理和意志力而發生的運動之外，我們在世界上很少能遇到別的甚麼運動。」在這些草稿中，牛頓對比了僅僅具有慣性這一被動力的物體的性質，以及「發酵」、生命和意志給世界帶來新運動的方式。他將發酵描述為一種「非常強大的主動原理，只有在〔物體〕彼此接近時才會作用於它們」。牛頓接着寫道：「我們發現自身具有通過思想調動身體的力量，但是並不知曉支配這一力量的定律為何。」他還格外引人注目地補充道：「我們並不能說整個自然並非都是活的。」

牛頓一就任主席，皇家學會就開始定期給儀器製造師弗朗西斯·豪克斯比（Francis Hauksbee）發薪，讓他在學會每周例會上用真空泵演示實驗。從1706年直

到1713年去世為止，豪克斯比就毛細管作用和電致發光現象做了一系列非常出色的實驗。推斷起來，豪克斯比在這些實驗的許多內容上應該得到過牛頓的指點。牛頓逐漸相信豪克斯比的實驗證明了電力的存在，並主張電力是一種基本力量，在其他許多現象中都發揮着作用。在給1713年出版的《原理》第二版增加的《總釋》部分，牛頓宣佈存在「一種極其微妙但仍屬物質的」「電精」，它隱藏在「一切粗大物體之中」，非常活躍，而且還能發光。

在給1717年版的《光學》所寫的八條新疑問的草稿中，牛頓回顧了自己四十年前在《假說》一文中對電的解釋，將大量的短程力以及與光有關的現象都歸因於這種電精。他重溫了對精神與身體問題的興趣以及他的煉金術工作，進而認為這種電精將「有思想的靈魂與沒有思想的身體」連接了起來，在植物的生長過程中會發揮巨大的作用，「植物生長需要考慮三樣東西：生殖、營養以及養料準備」。然而，就在這些新的「疑問」中，牛頓重新引進了一種以太概念，用來解釋光與熱的關係。牛頓還用另一種以太來解釋重力：這種以太由排斥粒子組成，因而非常富有「彈性」。這一描述與1675年的《假說》中的表述幾乎一模一樣。

一個狡猾而乖張的人

對於那些在牛頓面前卑躬屈膝的人來說，牛頓就是和藹可親的化身。然而，牛頓天性多疑，一旦自己的地位、榮譽或能力受到威脅，就會大發雷霆。這一點連他的朋友都不否認。牛頓與約翰·弗拉姆斯蒂德的關係不僅沒從冷淡中恢復過來，而且於1704年惡化到了極點。是年，牛頓給弗拉姆斯蒂德送了一本《光學》，弗拉姆斯蒂德隨後讓他過去的助手霍奇森(James Hodgson)在倫敦發表演講，指出《光學》中含有的「錯誤」。另一方面，牛頓非常渴望得到弗拉姆斯蒂德的數據，以便完成自己的月球理論。他告訴弗拉姆斯蒂德他準備向安妮女王的丈夫喬治親王建議，讓親王支持弗拉姆斯蒂德出版一份觀測數據目錄。弗拉姆斯蒂德後來這樣寫道：「我對這一主張深感驚奇，因為我總覺得他是個陰險狡猾、野心勃勃、極度貪求讚美而又容不得反駁的人。」從那以後，弗拉姆斯蒂德就鐵了心腸，堅決反對牛頓的陰謀詭計。弗拉姆斯蒂德不願讓自己「完全落入他的權勢之下，任由他來處置，因為此人會毀壞抓到手中的一切」。

我們已看到，在17世紀90年代晚期，弗拉姆斯蒂德就已認定牛頓深受一批「奉承者」和「讚揚者」的影響。他將這些人斥為「幾個愛管閒事、傲慢自大、心懷叵測之人」。他們不停地糾纏他，催促他盡快完成目錄，但同時又千方百計地阻止目錄的完成。正如

他所懷疑的那樣，牛頓給這些人看了他曾經要求牛頓不要透露的材料，而這些人又反過來利用這些數據來貶低他這位皇家天文學家。儘管發生了這些事情，儘管在1698到1699年的那個冬天牛頓對他大發雷霆，但在1700年弗拉姆斯蒂德還向一位通信者說牛頓「本質上是個好人，雖然本性有點多疑」。但自從1704年以後，他便一直視牛頓為一個瘋狂攬權的暴君，一直在設法「破壞」他的工作。

1704年末，牛頓成立了一個專家或「仲裁」委員會，來監督弗拉姆斯蒂德的星象目錄編纂工作。這一行為與後來牛頓對付萊布尼茨的手段何其相似！弗拉姆斯蒂德將這個委員會斥為牛頓微不足道的馬屁精，認為牛頓試圖將他工作的所有榮譽據為己有，同時卻將親王資金中本應資助他的費用扣下不發。若非如此，他應該早已完成了牛頓想要的那部分內容了。1705年牛頓受封爵士後，弗拉姆斯蒂德經常只用「SIN」[＊]來稱呼牛頓。在以後的歲月中，他經常拿自己「誠實而正直」的行為與他所說的牛頓的「狡猾」、「惱人的偽裝」以及「沒有誠意、存心不良的行徑」進行對比。

1706年4月，儘管弗拉姆斯蒂德一再抗議說那份目錄尚不完全，並且將那麼重要的材料交給別人是非

＊ 這應是Sir Isaac Newton（艾薩克·牛頓爵士）的首字母縮寫，合起來是「罪惡」之意。

常愚蠢的，他還是被迫交出了當時已經完成的那部分目錄。為了防範起見，霍奇森將那部分目錄進行了密封。牛頓認為此舉有懷疑他的誠信之嫌，因此感到很不高興。根據弗拉姆斯蒂德的說法，牛頓此時便開始指責他愚蠢糊塗，蓄意破壞自己的工作。同時，弗拉姆斯蒂德也在私下抱怨牛頓變得越來越剛愎乖張，而且不給他的工作支付酬勞。1708年3月，弗拉姆斯蒂德向仲裁委員遞交了一份1689到1705年的所有觀測數據。他還簽了一份協議，同意移交月球觀測數據以及一份經過修改的星表，其中還會帶有「星等」。在後來的幾年中，弗拉姆斯蒂德持續給他的星表加入新的觀測數據，而且相對來說並未受到來自牛頓的干涉。在私底下，他經常譴責牛頓乖張而「狡猾」，散佈他對牛頓光學和重力著作的指責性評論。

1710年12月，兩人之間的短暫休戰突然結束了。這一月，弗拉姆斯蒂德接到安妮女王的一道正式命令，告知他為了提高航海技術，將由一個以皇家學會主席為首的監理會來監督指導天文台，該監理會有權要求皇家天文學家每年遞交上年的所有觀測數據。讓事情更加惡化的是，弗拉姆斯蒂德於次年春天聽說牛頓要求他提供某些星座的星等，而這些星座並沒有包含在他之前交給牛頓的那份星表中。這表明牛頓並未遵守承諾，私自拆封了那份星表。他對牛頓的可鄙行為產生了警覺。更讓他驚恐的是，他發現他的著作

（《不列顛天空的歷史》）在沒有他的補充的情況下竟然正在印刷。他認為這一行動「是最膽大妄為的企圖之一」。1711年3月底，他被告知他的星表正由哈雷「料理」，從而證實了他的擔憂。在後來的幾個月中，弗拉姆斯蒂德又被要求校改哈雷印刷的書頁。他對此深感羞辱，於是決定推出自己的版本。

1711年10月，在皇家學會總部舉行的一次會議上，事情終於鬧到了不可收拾的地步。牛頓主動提出維修天文台的儀器，暗示這些儀器是國家的財產，而非像弗拉姆斯蒂德堅持所說的那樣是他自己的。從弗拉姆斯蒂德後來愉快的描述中可以看出，牛頓當時完全失控了，他

> 勃然大怒，對我惡語相加，措辭之惡劣為我平生僅聞。我沒有回應，只是希望他能平靜一點，不要那麼激動，並感謝他給了我那麼多榮譽稱號，並告訴他迄今為止上帝一直都在眷顧我的工作。

根據弗拉姆斯蒂德的記述，牛頓罵他的最好聽的一個字眼是「小狗」。牛頓問弗拉姆斯蒂德在接受國家資助的近四十年光陰裏都幹了些甚麼。勇敢的皇家天文學家則反問牛頓，作為造幣廠的廠長，他究竟做了甚麼，也配領五百英鎊的年薪。更糟的是，弗拉姆斯蒂德還提到，有人說牛頓《光學》中的一段話（大概

就是那段沒來得及改正的關於上帝的感覺中樞的話）表明牛頓是一個無神論者。他還聲稱牛頓及其黨羽是一群強盜，牛頓則反過來罵弗拉姆斯蒂德妄自尊大，傲慢無禮。次年，哈雷編輯的《不列顛天空的歷史》出版，書中幾乎不加遮掩地抨擊弗拉姆斯蒂德在發表觀測數據過程中的表現遲緩怠惰。弗拉姆斯蒂德在痛苦中又度過了十個年頭，而接任其皇家天文學家一職的竟是被篡改的《不列顛天空的歷史》一書的編輯哈雷。

傷透了萊布尼茨的心

德國人萊布尼茨也是牛頓在智力較量中的敵人，他比弗拉姆斯蒂德等人要厲害得多。他可以說是當時唯一能與牛頓在智力上匹敵的人。萊布尼茨分別於1673和1676年訪問英國。在他第二次訪問英國的時候，他已經創立出了一種非常不同的微積分，而且已有十年之久。在此階段，萊布尼茨和牛頓的關係良好，這一點可從牛頓1676年寫給萊布尼茨的兩封信中看出。1684年，萊布尼茨發表了微分與積分的法則。也許他當時並不知道牛頓已先他創立了微積分（雖然柯林斯曾經在他第二次訪問倫敦期間給他看過牛頓的《分析法》一文）。17世紀末，法蒂奧撰文暗示萊布尼茨的微積分不僅比不上牛頓的，而且還滯後於牛頓的，並說萊布尼茨的微積分可能是從牛頓那裏「借」

來的。萊布尼茨反過來撰寫匿名文章，評論牛頓1704年的《求積術》以及《分析法》（該文首次出現在瓊斯(William Jones)1711年編輯的一本論文集中），在其中含沙射影地說牛頓的流數法其實就是他的微分學，只不過使用了一套不同的符號而已。在其後幾年中，這一事件急劇演變為一系列激烈的爭論，內容涉及神學、形而上學、自然哲學和數學。

在與萊布尼茨糾纏不斷的時候，牛頓和極具天賦的普拉米安天文學講座教授科茨(Roger Cotes)合作再版《原理》。從17世紀90年代早期開始，牛頓就時不時修改他的傑作。1709年他與科茨合作之後，科茨便鼓動牛頓對《原理》尤其是對第二卷作出更加徹底的改動。1713年早期，牛頓完成了給《原理》撰寫的《總釋》。在《總釋》中，牛頓痛斥了渦旋「假說」，繼續斷言彗星有着補給作用，而且宇宙的整個井然有序的結構證明世界是由一位睿智的全能之神創造的。他寫道，這一靈性的神明「作為萬有之主」統治着轄下的僕人。上帝無處不在，無時不在，「實實在在地」存在着，但並不受限於影響物體的一般現象。通過類推，人們是能夠了解上帝的一些屬性的。牛頓回到他以前在《論重力》中所作的分析，聲稱上帝「渾身是眼，渾身是耳，渾身是腦，渾身是臂，擁有洞察、理解與行動的一切能力」，但其運作「方式絕不同於人類的運作方式……絕不是物質的，是我們完全不了解的」。

在最後一刻，牛頓指出探討上帝「無疑是實驗哲學的分內之事」。在1726年的第三版即最後一版中，牛頓擴大了「實驗哲學」的範圍，用它來覆蓋一切自然哲學。牛頓將上帝的作用擴大到這個程度，實際上是在以他一貫的謹慎作風表達他核心神學信仰的一個方面。在1713年，誰若被發現是一個反三位一體教義者，就會遇到災難性的打擊，就像惠斯頓幾年前的遭遇那樣。儘管牛頓這樣謹慎，當第三版出版的時候，好幾個牧師還是有些懷疑《總釋》的正統性。

在最後兩段中，牛頓又回到了支撐其整個科學事業的兩大基礎。首先，他宣稱觀測與經驗已經證明了重力的存在，所以沒有必要給重力虛構一個假設性的原因。他還談到了「某種能夠滲透並潛藏於一切粗大物體的極其細微的氣精」，而凝結、光、電等現象以及我們移動自己身體的那種能力都是由這種氣精產生的。不過，牛頓也說這些都不是用幾句話就可以解釋清楚的，同時我們也沒有足夠的實驗來確定支配這些現象的規律。在這部著作的開頭，科茨還於當年春天寫了一份很有幫助的前言。在前言中，科茨將所有相信單憑思想就可推導出宇宙體系的人或者相信上帝創造了一個能夠完美運作的、不需自由意志或超自然干預的宇宙的人稱為「可憐的爬蟲動物」。隨着與萊布尼茨及其支持者的糾纏不斷加深，這段話雖沒有指名道姓，但其攻擊對象一目了然。

優先權問題

　　約翰‧基爾(John Keill)寫了一篇文章，宣稱牛頓是創立微積分的第一人。1711年3月，萊布尼茨對此文作出回應，所謂的優先權之爭由此全面展開。牛頓此時已經看過了那篇評論《求積術》的「匿名」文章。他幫助對這篇評論很不以為然的基爾起草了一份非常有力的回應，駁斥萊布尼茨關於自己優先創立了微積分的聲稱，而萊比尼茨在1712年初期也適時作出了回應。不久之後，牛頓收到了萊布尼茨對《分析法》的一份負面評論。他立即着手在皇家學會組織了一個委員會，(按照萊布尼茨的要求)來調查優先權之爭的真相。就像對付弗拉姆斯蒂德那樣，牛頓組織了一個屈從於自己但對外宣稱是中立的委員會，這樣的委員會肯定不可能有利於萊布尼茨。牛頓發揮他出色的辯論技能，仔細搜索他的論文和信件(包括約翰‧柯林斯所收藏的那幾篇論文，瓊斯曾將這幾篇論文收入他所編的論文集中)，尋找證據，向委員會提供了得出結論所需的一切材料。委員會將相關資料收集起來，於1713年初以《行業信》為名予以發表。

　　《行業信》從頭到尾都對萊布尼茨進行了批判。萊布尼茨作出了匿名回應，並將自己的回應稱為「快報」或「飛頁」。他還援引一位「淵博數學家」(約翰‧伯努利Johann Bernoulli)的話，說牛頓不具有微

積分方面的足夠知識，因此不能被視為微積分的創立人。就這樣，雙方在歐洲主要刊物的版面上發起了一場攻擊與反擊戰。牛頓發覺自己的立場表現得還不夠充分清楚，就於1715年初發表了自己恣意撰寫的對於《行業信》的「說明」。

優先權之爭的另一個背景顯得同樣重要：萊布尼茨當時還擔任漢諾威喬治親王政權的皇家史官一職。1714年夏，安妮女王去世，沒有留下子嗣，於是根據1701年制定的《王位繼承法》，漢諾威王室的統治者成了英國的君主。牛頓和他的支持者迅速採取行動，讓漢諾威王室成員相信牛頓哲學的正確性。牛頓安排向國王的情人演示光學實驗，同時國王的一位私人牧師塞繆爾·克拉克(Samuel Clark)也開始做威爾士親王的妃子、聰穎的卡羅琳公主的工作。可是，在1715年11月，萊布尼茨跟卡羅琳公主說，牛頓學說的信奉者認同洛克的觀點，相信靈魂是物質的，而空間是上帝軀體的器官，上帝藉助空間觀察宇宙中發生的一切。這一指控一定要有所回應才行。這時，牛頓生命最後二十年中最信賴的朋友克拉克自願請纓來捍衛牛頓的事業。

牛頓並不想在眾目睽睽之下捲入這些事情，可是當時的賭注實在太誘人了。1715年，多位外國科學家和天文學家訪問倫敦，哈雷和牛頓有選擇性地給幾位到訪者看了牛頓舊得發黃的數學手稿，以證明牛頓在

微積分之爭中佔有優先權。豪克斯比很有才幹的繼任者德薩居利耶(Jean-Théophile Desaguliers)也向這些到訪者演示了牛頓的關鍵性實驗。此後，法國的哲學家就聽說了牛頓關於光與色的那些難以置信的學說是真的。在隨後的幾年內，牛頓的學說掃過了英吉利海峽：1719年《光學》第二版出版，而法語版也在隨後的兩年內推出了。

克拉克與萊布尼茨之間的重要通信是通過致卡羅琳公主的信進行的。這些通信涵蓋了許多主題，囊括了兩大陣營的所有主要分歧。雙方互相諷刺，盡量使對方的觀點顯得滑稽可笑或者缺乏信仰。牛頓密切注視着爭論中克拉克這邊的情況。雖然牛頓並沒親筆為克拉克起草信件，但克拉克信中的內容與牛頓的觀點完全一致。從1716年初起直到同年11月萊布尼茨去世，萊布尼茨總共與克拉克通過十封信，在其中對牛頓學說的信奉者提出了一系列指控：牛頓學說的信奉者讓空間成了上帝軀體的一部分；他們認為上帝創造的這個世界很不完善，所以上帝不得不定期進行干預，來修補他這架有缺陷的機器；他們相信上帝的行為完全不受邏輯限制，將上帝變成了一個武斷的統治者(從而含蓄地暗示牛頓學說的信奉者敵視喬治一世，渴望詹姆士二世之子的專斷統治)；「引力」之說不可理喻，將哲學帶回了以前的「黑暗時代」，讓機械哲學業已取得的成果付諸東流。

克拉克再次直言不諱地指責萊布尼茨，稱其「前定和諧論」否認了自由意志。他還重提科茨的觀點，說萊布尼茨的上帝就像一位「遙領地主」，他在一開始創造了一個完美的、像機器一樣的世界，然後便對這個世界撒手不管，毫不關心。萊布尼茨暗示上帝必然遵從邏輯規律，這樣就明顯束縛了上帝的能力。依照同樣的思維，萊布尼茨顯然相信一個人不用辛辛苦苦去做實驗，單從邏輯原則就可得出有關世界的真理。在牛頓和克拉克看來，上帝無所不能，單憑其意志的運作就可自由行事，達成其目標，而這些目標很可能是渺小的凡人(甚至牛頓)無法理解的。應該把引力理解為指稱一個在觀察基礎上得出的真理的「名字」。這個名字要比萊布尼茨提出的那個晦澀難懂、過於形而上的「單子論」可取得多。1716年11月萊布尼茨與世長辭，終於為這場爭論畫上了一個句號。但令萊布尼茨懊惱尷尬的是，他的「學生」卡羅琳公主在他辭世的時候，似乎轉而傾向了牛頓一邊的主張。

第十章
馬人*與其他動物

在其生命的最後十年中，牛頓繼續在皇家學會和造幣廠履行多項行政職責。然而，他的健康狀況越來越不利於他執行這些公務。1725年，在凱瑟琳和約翰·孔杜伊特的勸說下，牛頓搬到肯辛頓地區居住。那裏遠離倫敦有害的煙霧，氣候對健康更為有益。牛頓智力方面的幹勁也衰退了，但他每天還會花好幾個小時研究預言、教會史和年表。1726年，《原理》第三版出版，由亨利·彭伯頓（Henry Pemberton）編輯，不過這一版並沒有給第二版增加多少內容。

雖然牛頓的創新能力早已枯竭了，但他依然是全歐洲最卓越的自然哲學家。幾十年來，他將自己的弟子安排到荷蘭與英國主要大學的最高職位上。在沒有機會擔任這些職位的時候，他的追隨者就通過無數的書籍和系列講座宣傳牛頓的哲學。到18世紀20年代，牛頓的學說體系在英國已取得了至高的統治地位，但在法國，牛頓體系被人完全接受還需要十年之久。除了伏爾泰、阿爾加羅蒂（Franceso Algarotti）、夏特萊

---

*　希臘神話中人首馬身的怪物。

x

（Châtelet）侯爵夫人等人的出色宣傳之外，促使法國人接受牛頓學說的還有對秘魯和拉普蘭進行的科學探測，這次探測證明正如牛頓所斷言的那樣，地球在兩極是扁平的。

牛頓仍在孜孜不倦地探究宗教真理。不過，他變得更加謹慎小心，不願輕易拿當代事件來解讀預言的應驗。在18世紀20年代所寫的一份手稿中，牛頓將「審判日」最早定在2060年，讓那些希望「千禧年」迅速到來的人大為氣餒。對於一個相信應該用歷史事實解釋預言的人來說，以推測為主的未來學沒有甚麼用武之地。牛頓所寫的大量關於早期教會歷史的手稿都保留了下來，其中許多都寫於他與萊布尼茨的爭論期間，而且大都與那場爭論有關。這些手稿研究了基督教最初的歷史。牛頓對喀巴拉主義者、諾斯替教教徒等許多異端群體篡改真正教義的方式發生了興趣。他發現這些群體用形而上學腐化了教義，「將經文從道德意義扭曲到形而上的意義上去了」。

在孔杜伊特看來，牛頓晚年最重要的著作就是一篇名為《和平提議或趨向和平的教會體制》的論文。基督教的原則要從基督和使徒「明確的話語」中去尋找，而「不應從玄學和哲學」中去尋找。而且現在看來，這些原則也不見得非要在《聖經》中才能找到。各個民族原先都只有同一個宗教，這個宗教的基本戒律是：

要信仰一位上帝，不得轉讓對他的崇拜，也不得褻瀆他的名字。要戒絕謀殺、偷盜、通姦以及一切傷害。不得食肉，不得喝活的動物的血，甚至連殘忍的牲畜都應善待。要在一切城市與社會中建立正義法庭，將這些律法付諸實施。

畢達哥拉斯、蘇格拉底、孔子等人掌握了這種知識。後來，這種知識漸漸成了異教徒的道德哲學，成了「各民族的道德律」——儘管這些民族大都轉向了偶像崇拜。

偶像崇拜違反了牛頓眼中偉大戒律的第一條：要崇拜、尊敬上帝。我們不可將給上帝的崇拜讓給其他的創造物，「也不可將任何荒謬或矛盾之事歸因於上帝的本性或行動，以免我們褻瀆或否認上帝，或者向無神論或反宗教跨近一步」。慾望和驕傲——「對女人、財富和榮譽的過度渴望以及嬌氣、貪求和野心」——是違反第二大戒律的最惡劣的兩大罪行。實踐正義、推己及人、愛鄰如己，這便是「仁愛」。這樣，基督教就給人們新加了一項義務——善待他人。不過，就像弗拉姆斯蒂德所指出的那樣，並非人人都同意牛頓在自己的生活中曾體現過善待他人的品德。

至於基督教團體，牛頓聲稱所有受過洗禮的人，即使不屬於哪個具體的教會或教派，也都是基督身體的一部分或「教會」的成員。人們在受洗之後應該研

習預言，對比《舊約》與《新約》，「相互教導溫順和慈善的美德，不將個人見解強加於對方，也不因個人見解而爭吵」，如此便能在神恩的沐浴下成長。在英格蘭教會中，人們通過按手禮被納入教會。如果他們違反了某條他們受洗時宣佈遵從的信條，就會被逐出教會，但這並不會取消他們通過受洗而被賦予的那個更大教會的成員資格。終其一生，牛頓雖然輕視英國國教的許多教條，但仍能公開表白對國教的信仰。對於像他這樣屬於少數蒙選者的人而言，個人內心的宗教信仰才是最重要的。

在其最後的歲月中，牛頓還花了許多時間專心研究年表。在牛頓之前的幾個世紀中，確定古代歷史事件的時間以及根據神話即歷史觀來協調不同民族的歷史和系譜都曾吸引了新教國家和天主教國家中頂尖學者的注意。雖然《舊約》是古代歷史最古老、最真實的來源，但歷史學家還是使用各種技巧來調和《舊約》和異教徒的歷史，因為異教徒的歷史有時也會涉及《舊約》中記載的同一歷史事件。從16世紀晚期起，歷史學家便開始利用天文學技巧來幫助他們更為準確地確定具體的歷史事件。

牛頓對年表的廣泛鑽研表明他對古典文學和《舊約》擁有淵博的知識。牛頓試圖從根本上重新確定有記錄的歷史的日期，縮短有記錄的歷史的長度。他採用了非常新穎的、基於日蝕與月蝕的證據，採取了一

種極端的論點：歷史上諸王統治的平均期限是十八到二十年。除了他所敬仰的希羅多德的記載之外，牛頓譴責了其他所有異教徒的歷史，認為其中所載的系譜過於膨脹。

早在17世紀80年代，牛頓就已致力於精確測定基督教以前的記錄的年代，但他的大部分年表著作則寫於18世紀早期，即他擔任造幣廠廠長的時候。他的年表的一份《概要》最初是以法文翻譯的形式出現的。這份《概要》的英文原稿是他多年前託付威尼斯伯爵康蒂（Antonio Conti）轉給卡羅琳公主的。法文《概要》的面世讓牛頓大為惱火。緊接着，對《概要》核心論點的駁斥紛至沓來，其中法國大學者弗里萊特（Nicholas Fréret）和蘇西耶（Etienne Souciet）的批駁顯得尤其突出。牛頓利用其生命的最後幾年，撰寫了一部篇幅比《概要》長得多的年表著作。這部著作於1728年出版，名為《修訂版古王國年表》，不過這已是牛頓去世之後的事了。

牛頓年表體系的核心是確定阿爾戈英雄遠航的年代。在那期間，天文學家馬人喀戎（Chiron the Centaur）*和穆賽歐斯（Musaeus）（俄耳普斯的老師，他自己也是一位阿爾戈英雄）曾製作了一個「天球」，在上面畫出了那時可以觀察到的星座。牛頓利用駭人聽聞、晦澀難懂的證據確定了喀戎在天球上安置二分點

---

* 希臘神話中一位博學多智、多才多藝的馬人。

的位置，將其與《原理》中提出的周年分點歲差進行對比，得出那次探險的年代應在公元前936-公元前937年左右。對牛頓的年代考據事業至關重要的是，他同意猶太歷史學家約瑟夫斯(Josephus)(希羅多德，Herodotus的追隨者)的觀點，認為埃及法老塞索斯特里(Sesostris)與塞撒克(Sesac)是同一人。這個法老就是在所羅門死後摧毀了聖殿的那個埃及王——《列王記上》記載了他對朱迪亞地區的入侵。塞索斯特里(即歐西里斯或巴克斯)在阿爾戈英雄遠航之前的那一代盛極一時，這一事實讓牛頓得以將埃及歷史記錄的時代與《舊約》中的事實記載聯繫起來。

文明的誕生

按照牛頓的觀點，在遠古時代，無數民族曾像諾亞(或薩杜恩，Saturn)的子孫被分開那樣被分散到各地。某一帝國特有的傳統會用不同的名字稱呼他們的祖先，但其敍述的在本質上是同一段歷史。諾亞的兒子及其後裔生活在白銀時代，遵行原始的諾亞七律*，在世界各地繁衍不息。雖然這些事件過於古老，無法確定其具體年代日期，但牛頓還是動情地描述了最早時期出現在歐洲的生命形式。從那之後，文明便以農業、啤酒、貨幣和戰爭等外部形式出現了。在一篇題為《古王國起源考》的文章的手稿中，牛頓發展了他

---

* 指上帝授予亞當和諾亞的七條普適律法。

在17世紀80年代的發現，再次斷言崇拜的最初形式要求古人實踐維斯太式的崇拜，只不過這些崇拜形式到後來都降格為偶像崇拜了。例如，埃及人誤解了他們象形文字的含義，他們的宗教也就降格為崇拜動物的滑稽教條，降格為相信靈魂輪迴的可笑信仰了。

圖17　西曼（Enoch Seeman）1726年所畫的牛頓像。

　　面對從海峽對岸紛至沓來的對其年表體系的攻擊，牛頓急於作出回應。在其生命的最後兩年中，他一直在改進他的《年表》。實際上，雖然《年表》只

在他死後才得以出版，但這部著作的各章他都寫過不止一稿。在最終出版的時候，他那偉大工程中更有趣、更激進的元素消失了，只剩下一個記載連續事件的卡片清單。在其生命的最後幾個月中，牛頓顯然努力想過一種理想的生活，一種他清楚說過的好基督徒應該過的生活。不過，他的憤怒和擊潰對手的慾望偶爾還會冒出來。他向親戚和陌生人施與了相當數量的金錢，還組織了捐獻《聖經》的活動。正如我們在本書開頭看到的，孔杜伊特夫婦都回憶起牛頓非常憎恨迫害和虐待動物的行為。

1727年春，牛頓與世長辭。那時，他的聲譽和成就讓有史以來所有的自然哲學家都相形見絀。時至今日，他的聲名也幾乎未見消退。就自身的科學成就超越同代人的程度而言，牛頓應該超越了達爾文(Charles Darwin)、愛因斯坦(Albert Einstein)等科學史上的英豪。近三百年來，牛頓的私人生活和「其他的」學術興趣一直令人入迷。民意調查顯示，全世界大部分人依然將牛頓視為世所僅見的最偉大的睿智之士。

牛頓在不同的工作領域會採用不同的方法，這並不是說他不同部分的智力研究之間沒有聯繫或連貫性。雖然牛頓的神學研究只能是一項個人事業，但他卻將其視為自己生活的主軸。《聖經》的語言和意義(還有《聖經》中提到的他在歷史中的作用)對他的行為起著無出其右的支配作用。雖然我們更應該敬佩他

在光學、物理和數學上的傑出成就及其體現出的驚人勇氣、想像力和原創性，但是我們也應尊重他那有些書本氣的強烈的信仰。孔杜伊特在努力完成自己的牛頓「全傳」的過程中，差點兒提出了這樣一個危險的宣稱：牛頓的品質使他超越了人類。在哈雷看來，牛頓雖然不是神，但有理由認為沒有人曾經像牛頓那樣接近過神。

推薦閱讀書目

The study of Newton's life and works has been transformed in recent years by materials made freely available online by the Newton Project (*http://www.newtonproject.ic.ac.uk*). All Newton's theological papers, and the vast bulk of his optical papers will be available by 2010, while it is envisaged that the scientific, mathematical, and administrative papers will follow in due course. The site also includes introductory assessments and articles about Newton and his work as well as a substantial number of other primary resources such as all the major published and unpublished biographical materials on Newton composed in the 18th and 19th centuries. The Chymistry of Isaac Newton project (*htttp://webapp1.dlib.indiana.edu/newton/index.jsp*) has already placed online many of Newton's alchemical writings and aims to make all of his work in this area available in the next few years.

As mentioned in Chapter 1, the major scholarly biographies written in the last few decades are those of Richard S. Westfall and Frank Manuel; Manual's *Isaac Newton Historian* (Cambridge, CUP, 1963) remains the best account of Newton's chronological writings.

John Herivel's, *The Background to Newton's Principia* (Oxford, Clarendon Press, 1965) and *Unpublished Papers of Isaac Newton*, ed. A. R. and M. B. Hall (Cambridge, CUP, 1978) reproduce significant *Principia*-related drafts and revisions. Newton's optical Lucasian lectures are reproduced in vol. 1 of A1an Shapiro's projected 3–volume interests continue to fascinate, while polls suggest that, worldwide, he is still regarded by most as the greatest intellect the world has seen.

Newton adopted varied approaches to problems in different areas of his work, although that is not to deny that there were connections and continuities between different strands of his intellectual research. Although it was necessarily a personal enterprise, he himself viewed his theological research as the defining aspect of his life, and the language and meaning of Scripture – along with what it said about his role in history – governed his conduct more than anything else. Respect should be paid to his intense if rather book-oriented faith, yet the astonishing courage, imagination, and originality that colour his achievements in optics, physics, and mathematics are more worthy of our admiration. As Conduitt struggled to finish his 'Life' of Newton, he came perilously close to asserting that Newton's qualities made him more than human. While he was not a divinity, there was justification in Halley's view that no human could ever get closer to the gods.